医療福祉経営入門

Healthcare Management

中島明彦
Akihiko Nakajima

同友館

序

　本書は，医療福祉経営に携わる実務家や大学で初めて医療福祉経営を学ぼうとする皆さんを対象とした入門書です。前著『ヘルスケアマネジメント―医療福祉経営の基本的視座』は主に大学院生を対象にした医療福祉経営論のテキストとして書いたものでした。2007年に上梓して以来，版を重ね，現在第2版第4刷となっています。しかし，もう少しわかりやすい入門書又は解説書を出して欲しいとの要望が数多く寄せられていました。その後も学部学生や実務家向けのわかりやすい入門書が他に刊行されなかったため，著者の最後の仕事としてこの入門書の執筆をすることとなりました。

　本書は前著の解説書であり，著者が大学において担当する講義科目「医療経営論」のオンデマンド講義としてweb上に載せていたものがベースとなっています。従って医療経営や医療制度など主に医療の分野を取り上げています。又引用文献も邦訳文献を中心にしてあります。

　著者は医療福祉経営の現場で仕事をしながら，社会人大学院で医療福祉経営と医療福祉政策の研究を行いました。経営学以外に政治学・行政学のバックグランドがあるのは医療福祉経営が制度や政策を抜きにしては語れないからです。さらに医療供給政策に関しては直前に『医療供給政策の政策過程―地域医療計画の形成・決定・実施過程と政策の変容』を出版しています。

　本書はⅢ部構成となっています。第Ⅰ部では医療福祉サービスのマネジメントについてマーケティングの視点から検討しています。第Ⅱ部は医療福祉サービスを提供する人や組織について社会学や組織論の視点から議論しています。第Ⅲ部は医療制度や政策について政治学・行政学の視点から分析しています。このような広範な視座から医療福祉経営を論じている文献は私の知る限り今まではありませんでした。しかも単に浅く広く説明したり解説するのではなく，著者の独自のアイデアが主張されており，まさに「中島ワールド」を展開しています。その根底には現代経営学の理論をそのまま医療福祉経営に当てはめて

も通用しないという，経営学の辺境からの異議申し立てでもあります。その理由は医療福祉サービスの専門性や公共性に由来しています。現代大企業の経営論が主流の経営学理論を改めて検討し直し，医療福祉経営の現場に通用するように再解釈し，あるいは翻訳し直す作業が必要だったのです。

本書を読まれて関心を持った皆さんには，是非とも前著を読んでいただくことをお勧めします。これら2冊の本によって，医療福祉経営に関心を持ち学ぼうとする方々がますます増えていくことになればこれに勝る喜びはありません。

最後に，著者に研究機会とよい刺激を与えてくれた国際医療福祉大学，日本福祉大学の同僚や大学院生の皆さんに感謝します。また快く著者を研究生活に送り出してくれた職場の仲間にも感謝します。

そして著者の仕事や研究をいつも支え続けてくれた妻 由美子に心からの感謝の気持ちを込めて本書を捧げます。

2016年12月

　　　　　　静かな冬を迎えようとしている蓼科星山荘にて

　　　　　　　　　　　　　　　　　　　　　　　中島　明彦

◉目次◉

序　*iii*

第Ⅰ部
医療福祉サービスのマネジメント

第1章　医療福祉サービスの特性 …………………… 3

1　医療福祉サービスの定義と類型化　*3*
2　サービスの一般特性　*7*
3　医療福祉サービスの特性　*11*

第2章　医療福祉サービスの顧客とサービスの構造 …………17

1　新たな顧客の定義　*17*
2　顧客概念の拡大　*23*
3　福祉サービスにおける顧客　*26*
4　医療福祉サービスの構造　*27*

第3章　医療福祉サービスの交換過程 ………………… 36

1　医療福祉サービスの需要過程　*36*
2　医療福祉サービスの生産過程　*39*
3　医療福祉サービスの交換　*43*

第Ⅱ部
医療福祉組織のマネジメント

第4章　医療福祉専門職 …………………………………… 51

   1　専門職の特性　*51*
   2　医療福祉専門職の特性　*55*
   3　医療福祉専門職の社会構造　*61*
   4　医療福祉専門職のモチベーション　*64*

第5章　医療福祉組織 ……………………………………… 70

   1　医療福祉組織の特性　*70*
   2　専門職組織としての病院　*75*
   3　病院組織のダイナミクス　*79*

第6章　人と組織のマネジメント ………………………… 89

   1　医療福祉組織の目標　*89*
   2　意思決定と実施の過程　*95*
   3　医療福祉組織のリーダーシップ　*100*

第Ⅲ部
医療福祉制度のマネジメント

第7章　医療サービスの供給制度 …………………………… *111*
  1　医療サービスの供給体制　*111*
  2　医療福祉専門職の育成制度　*116*
  3　産業政策としての医療供給政策　*122*

第8章　医療保険制度と診療報酬 …………………………… *129*
  1　医療保険制度の歴史　*129*
  2　医療保険制度の仕組み　*133*
  3　診療報酬　*138*

第9章　医療費抑制政策の政策過程 ………………………… *148*
  1　医療費抑制政策の分析方法　*148*
  2　医療費抑制のための医療供給政策　*151*
  3　医療費抑制のための医療保険政策・診療報酬　*160*
  4　制度や政策をマネジメントするために　*166*

参考文献　*171*
索引　*178*

第Ⅰ部

医療福祉サービスの
マネジメント

第Ⅰ部では我々の提供している医療福祉サービスをマーケティングの視点で分析します。第1章では医療福祉サービスがどのような特性を持っているのかを一般的なサービスと比較しながら検討します。第2章では我々の顧客とは誰なのか，そしてサービスの要素や構造について分析します。それらを踏まえて第3章で医療福祉サービスがどのように生産され，需要されそして交換・消費されるのかを明らかにします。

　では医療福祉経営論の世界への旅に出発することにしよう！

第1章
医療福祉サービスの特性

本章では医療福祉サービスの特性を明らかにするために，まず医療福祉サービスの定義と類型化を試みます。その上でサービスの一般特性を検討し医療福祉サービスの特性に迫ります。

1 医療福祉サービスの定義と類型化

1-1 医療福祉サービスの定義

1-1-1 サービスに関する先行研究

医療福祉がサービスであるという考え方は1990年代以降のまだ新しいものです。そこで医療福祉サービスを考えるに当たってまず，サービスとは何かを明らかにしておく必要があります。経済学ではサービス業は，第1次産業と第2次産業に含まれないその他の産業，すなわち第3次産業として捉えられていました。しかしその後第3次産業の発展に伴い積極的な位置づけがされるようになります。

清水滋，浅井慶三郎，井原哲夫らのサービスに関する先行研究から，サービスは「無形」であり，「機能」を提供するものであることが明らかになっています[1]。またアメリカマーケティング協会の定義では「活動や便益そして満足」であるとしています。レヴィットも言うように，製品もサービスも顧客の必要としている機能を提供するということになります。またサービスを「相互作用」としてとらえる定義もあります[2]。

1-1-2 新たなサービスの定義

以上の議論を踏まえて本書では新たにサービスを次のように定義します。「サービスとは，一定の時間と空間において，ある経済主体が他の経済主体に，行為を提供することによって，効用を生み出し満足を認識させる。その全過程であり，市場で取引されるものである。」

サービスは，①まず特定の時間と空間，②サービスの提供者とサービスの受け手の存在を前提条件としています。その上で，③サービスは行為概念であり，④効用と満足概念であり，⑤過程概念である。そして⑥サービスは市場財であるということになります。サービスのコア概念は，行為，効用と満足，過程なのです。行為，効用・満足に関しては多くの先行研究が指摘するところですが，過程概念に関して明示的な指摘は今までなかったようです。過程概念が重要と考えるのには，2つの理由があります。第一はサービスの構造分析で明らかになりますが，サービスでは「成果品質」以外に「過程品質」も重要だからです。第二にサービスの交換過程分析で明らかになるように，サービスの提供に至るまでの生産過程や需要過程が重要な意味を持つからです。

この定義がいろいろなサービスに当てはまるかどうか確かめます。同じ食事でも高級レストラン，ファースト・フード店などで比較すると，新たな定義によってそれぞれのサービスの必要充分な説明が可能であることがわかります。高級レストランでは，オーナーシェフがホテルやフランスの三つ星レストランで修行してからレストランを開業し，調理技術，お店の雰囲気，ワインの品揃え，ウェイターの丁寧で親切な言葉遣いや細かな注文受けなどの行為により，食事客に「優雅な時間やおいしいお味の効用」を提供し，満足を味わってもらいます。食事客は食材の仕入れ材料の何倍もの料金を支払います。ファースト・フード店では，交通の便の良い立地に店をチェーン展開し，食材の加工・冷凍技術，マニュアルと訓練による接客などの行為により，「手ごろな価格で簡単に空腹を満たせる効用」を提供し，満足を味わってもらいます。食事客の支払う料金は食材の購入価格にオンされてはいますが高級レストランに比べれば安く設定されています。

1-1-3 医療福祉サービスの定義

では,医療福祉サービスにこの定義を当てはめるとどうなるでしょうか?
「医療福祉サービスとは,①医療福祉施設または家庭で,②医療福祉専門職または医療福祉組織がサービスを必要とする患者さん・家族や地域住民に対して,③医療福祉サービス行為を行い,④『健康の維持・回復という効用』を提供し,安心という満足を感じさせる。⑤その全過程であり,⑥その費用は主に医療保険や介護保険から支払われる。」

医療福祉領域でも多様なサービスと業態があり,それぞれ具体的な効用は異なっていますが,これらの差異についてもこの定義で充分な説明ができそうです。

1-2 サービスの類型化

1-2-1 サービスの類型化

サービスには多くの種類や業態があります。医療福祉サービスの特性を明らかにするためには,サービスあるいはサービス業の種類を類型化し,医療福祉サービスがどのような位置づけとなるのかを確認しておく必要があります。

サービスの類型化に関する先行研究からは,無形財と有形財との組み合わせや,サービスの提供手段などから分類するものがあります。清水(1990)は典型的な代行サービスとして,①知的代行サービス,②技術的代行サービス,③労働代行サービス,④所有的代行サービスを挙げています。ザイタムは,製品の品質を評価できるかどうか(評価可能性)という視点から,①探索属性,②経験属性,③信頼属性の割合で整理しています[3]。探索属性とはさわって確かめることができるもので有形財のほとんどが探索属性で構成され,経験属性とは購入後あるいは消費中にのみ認識・評価できる属性であり,信頼属性とは評価に専門的あるいは技術的知識を必要とするために購入・消費後においても評価に困難を感じさせる属性だとしています。サービスは経験属性あるいは信頼属性から構成されているということになります。

医療福祉サービスの特性を明らかにするためにはさらなる類型化が必要となってきます。必需性，内製化の可能性，消費者の購買行動などから新たな類型化を試みます。

　必需性の程度による類型化では，(1) 生活必需サービス（ないと困るサービス），(2) 中間サービス（あるといいなサービス），(3) 非生活必需サービス（贅沢サービス）に分けられます。生活必需サービスは公共性を持つため公共サービスとして提供されたり，開業規制や価格規制など政府の市場介入が行われるのが特徴です。

　内製化の可能性による類型化からは，(1) 代替的・補完的労働サービス，(2) 中間的・技術的サービス，(3) 非代替的・専門的サービスに分けられます。専門性が高かったり，高度な技術を必要とするサービスは内製化は困難となります。自分でヘアーカットをしようと思えばできるものの美容師さんのように上手にはできません。まして医師や弁護士のような専門的知識を必要とする業務は「しろうと」では不可能です。

　消費者の購買行動による類型化は，商品が最寄り品，買回り品，専門品に分類されるのと同様の方法です。

1-2-2　医療福祉サービスの類型

　サービスの類型化に関する先行研究と新たな類型化を踏まえて，医療福祉サービスがどのように把握されるのかをまとめることができます。

① 無形性：医療サービスは付随的製品を伴った無形のサービスです。
② 労働集約性と資本集約性：サービスの提供手段からみると「人」中心のサービスでありかつ「物」中心のサービスも大きな比重を占めています。
③ 知的・技術的代行サービス：医療行為は専門的知識と経験を積んだ技術がなければ不可能です。
④ 定位置サービス：医療機関でのサービスが中心ですが最近は在宅医療や訪問看護・介護などもあります。
⑤ 信頼属性：医療サービスは信頼属性の占める割合が大きいサービスの典型

です。手術の成功は医療専門職以外は判断が困難であり，しかも数年後でないと結果が判明しない場合もあります。

⑥ 生活必需サービス（公共性）：生活必需サービスとしての公共性があるため，市場に供給量が不足する場合には公共サービスとして提供しなければならないし，価格や品質についても規制が行われています。

⑦ 非代替的・専門的サービス（専門性）：医療行為は医療専門職でなければ行えない業務独占となっています。消費者は専門家の意見に従ってサービスを購入します。

⑧ 非日常的サービス（重大性）：医療サービスは人々の生活や人生を大きく変えるような重大な意味を持っています。時には生死に関わります。

2 サービスの一般特性

2-1 無形性

従来からサービスの特性として第一に挙げられるのは形がない（無形性，非物質性，無形財）ということでした。もともと市場で取引されるサービスを物質財の生産から区分するための最初の判断基準が無形性だったのです。しかし無形性はサービスが行為，効用などの機能や過程として定義づけられた結果から派生するものであって，しかもサービス全てに当てはまるわけではありません。無形性それ自体に意味があるのではなく無形であることから生まれる次のようなマネジメント特性の方が重要だと考えられます。

（1）非貯蔵性，在庫や流通ができないこと
（2）所有や所有権の移転がないこと
（3）認識ができないこと

これらはサービスが行為や過程であることに起因する特性と言えるでしょう。

2-2　同時性

　多くの先行研究が同時性をサービスの特性としてあげています。同時性は，サービスがある特定の時間と空間で提供者と受け手が存在することによって発生します。先行研究では同時性は，「生産と消費の同時性」として強調されてきました。しかし，野村清，羽田昇史らは生産過程全体が消費と同時に行われる必要はないとして「提供と享受の同時性」を主張し，サービスを「もの」に変化させることによって中間在庫が可能だと指摘しました[4]。

　本書ではさらに踏み込んで，サービスの同時性とその重要性についての全てを否定し，同時性は単に供給能力の有限性から発生するにすぎないと主張します。全てのサービスにおいて提供と消費は同時ではありません。同時なのは厳密に言えば交換（提供と購入）であって，何らサービスの特性とはいえません。購入は，需要・購入・消費という連続的でかつ長期的過程のほんの一瞬にしかすぎません。消費過程では例えば経営コンサルタントの指導したノウハウはその後長期的に活用されて初めて効用となり満足に繋がります。医療サービスでは処方された薬をその後数日間は服用します。サービスが同時性を必要とするのは人体に直接接触する行為に限られています。人の所有物に関わる技術的サービス（例えば車やパソコンの修理），専門的サービス（弁護士が依頼人に代わって出廷する）などに同時性は必要ありません。真に重要なのは相互関係やサービス提供過程であって同時性ではないのです。第3章では，専門的・技術的サービスにおける「長期的生産過程」，「無形の知的・技術的ソフトの在庫」，「購入前の長期的需要過程」，「購入後の消費過程」が存在することなど新たな視座を展開しています。

　同時性からは次のようなマネジメント特性が発生すると言われていました。
(1) 顧客の非分離性：同時性と同じ意味で非分離性が指摘されていました。しかし，非分離性は人の身体に直接接触するサービスに限られており供給能力の有限性に基づくものです。
(2) 市場の分断性：同時性の結果として市場の分断性も挙げられていました。

価格には地域や業態等の市場によって差があると指摘されています。もっともインターネットなどの情報システムや交通システムの発達は流通販売分野でも市場の分断性を解消しつつあります。しかし，市場の分断性も供給能力の有限性に基づくものです。
(3) 一過性・非可逆性：同時性を違う視点で見ればそれ以外の時点では存在しないという一過性や非可逆性という特性も表れてきます。サービスはやり直しもきかないとも言われます。しかし一過性や非可逆性はサービスが行為や過程であることから生ずる必然に過ぎません。
(4) 需給調整が困難

　サービスの無形性や同時性からサービスは需給調整が困難であると言われてきました。ホテルでは需要がない場合には空室となるし，超過需要の場合には断るしかありません。しかしこれらも供給能力の有限性の結果であり，サービスの無形性や同時性という特性に起因するものではないでしょう。

2-3　顧客の参加・相互作用

　サービスの生産は顧客の参加により相互作用として行われることを多くの先行研究が指摘しています[5]。次のようなマネジメント特性が発生します。
(1) 品質・生産への影響：サービスの生産が顧客参加による協働生産であるため，両者の相互関係のレベルが生産性や品質に大きな影響を与えます。顧客との協働生産はモノの生産にはない利点も持つこととなり，その結果サービス組織では顧客を組織の一員としてマネジメントする必要も出てきます。
(2) 多様性・個客性：顧客が生産に参加することは，必然的に需要の多様性や個客性を生み出します。受注生産と同じです。
(3) 継続的関係・リピーター：サービス・マネジメント研究では顧客・従業員・企業の三者の継続的で良好な関係作りが重要だといわれ，リピーターの維持・拡大が強調されています[6]。
(4) 品質管理の困難性：顧客が生産に参加することはサービス品質の変動性

にもつながります。

顧客の参加や相互作用はサービス・マネジメントの大きな特性と言えそうです。

2-4　品質評価の可能性

品質評価という視点からもサービスの特性を明らかにすることができます。

(1) 評価の困難性：ザイタム（1981）はサービスが「経験属性」や「信頼属性」の占める割合が高いため評価が困難であると指摘しました。特に医療などではサービス提供者を信頼するしかないと説明しています。

(2) 過程品質：グリョンルース（2000）はサービスの品質が「技術的成果品質」と「機能的過程品質」からなると指摘しました。技術的・成果品質は基本的ニーズを満たす部分であり，機能的・過程品質は顧客との相互作用によるもので，顧客満足にとって重要な品質です。

(3) 顧客満足：サービスの品質は顧客満足度で計るという指摘もあります。サービスの品質管理は顧客満足度のデータによるべきだと主張します。

しかし，以上の特性もほとんどが，サービスが行為概念であり過程概念であるため発生する特性と言えるでしょう。

2-5　その他の特性

(1) 人格集約性：ノーマン（1991）はサービスの特性として「人格集約性 personality intensity」をあげています。サービスでは，労働集約的でかつ資本集約的であるのに加えて，「ひと対ひと」の接触が重要だとする主張です。

(2) 代替性：サービスの代替性を指摘する主張もあります。家庭で自給されたり，電化製品で代替されたりします。

(3) 産業としての特性：産業としてみるとサービス産業にはまた別の特性があります。女性や高齢労働者が多いこと，自営業が多いこと，労働組合の影

響が少ないこと，高学歴者や専門職も多いことなどが指摘されています。組織規模も比較的小さなことや非営利組織も増加しています。

3 医療福祉サービスの特性

　医療福祉サービスの定義や類型化，サービス一般の特性などの分析を踏まえて，いよいよ医療福祉サービスの特性を明らかにしていきます。サービスの一般的特性が，医療のように高度に知的・技術的な専門サービスについてはほとんどが当てはまらないことが明らかになってきます。

3-1　経済学的アプローチ

　アローは医療サービスの特性として，①需要発生の不確実性，②提供者に道義的制約が求められる，③結果の不確実性と情報量の差，④医師が供給を決定する，⑤差別価格などをあげています[7]。多くの先行研究が医療需要や結果の不確実性，情報の非対称性，公共性と規制，需要の決定を医師が代行すること，価格弾力性が小さいことなどをあげています。しかし，医療経済学が明らかにした医療サービスの特性は，もともと市場における経済主体の行動と価格決定メカニズムを分析するためのミクロ経済学的視点，あるいはマクロ・レベルの医療需要や国民医療費の分析ツールとしての視点でした。個人レベルでは医療需要の発生は不確実ですが，地域における医療需要は予測可能でしょう。そうでなければ病院は巨額の設備投資をして，多くの医療専門職を雇用することはできません。

　経済学が指摘するように，医療サービスには必需サービスとしての公共性があり，また情報の非対称性のために，市場の失敗として政府が介入します。医療保険制度ではサービスの内容と価格が規制されています。しかし，医療福祉経営が重要視するサービスの長期的生産過程や長期的需要・消費過程の存在は無視されていました。

3-2　類似サービスの特性研究

類似サービスとしてホテル・サービスとプロフェッショナル・サービスに関する先行研究からも示唆を得ることができます。

3-2-1　ホテル・サービス

ホテルとホスピタルの語源は同じだと言われています。ホテル・サービスに関する先行研究からは，サービスの多因子性や顧客との相互作用が明らかになっています[8]。しかし，医療福祉サービスは対人サービスであり，宿泊サービスなどを含むことなどは共通するものの，公共的・専門的サービスという点ではホテル・サービスとは大きく異なっています。

3-2-2　プロフェッショナル・サービス

マイスターやコトラーらが弁護士事務所やコンサルタント会社などプロフェッショナル・サービスに関するマネジメントの研究を行っています。そこからは個別受注生産と顧客との相互作用といったサービスの一般特性でも見られた指摘以外に，①クライアントの市場とプロフェッショナルの市場という2つの市場で競争が行われること，②クライアントの不安解消のための説明責任や情報開示が必要なこと，③差別化や品質管理の困難性，などの重要な指摘がされています[9]。専門職の獲得に関わるもの，不安なクライアント，情報開示や説明責任など多くが医療福祉経営と共通するものです。

3-3　医療福祉経営論としてのアプローチ

医療サービスの特性を研究したのは藤村和宏，高橋淑郎，島津望などそう多くはありません[10]。彼らの研究では，①需要の予測の困難性，②生産の緊急性，③医療供給側と患者さんとの情報の格差，④多品種生産，⑤需要者が意思決定権を委ねる過程そのものが効用であること，⑥市場に価格競争がないこ

と，⑦信頼属性が高いこと，⑧サービス生産が相互作用により行われること，⑨サービス利用者の変容性や連続性，⑩サービスの提供者と利用者が心理面で対等でないこと，⑪生命に関わる重大性があり応召義務があることなどをあげています。需要側が仕方なく受け入れるという特徴や法的規制としての応召義務は経営学や経済学の視野にはなかったものです。

また医療供給側と顧客側が対等な関係でないのは，情報の非対称性という経済学的説明だけでなく，医療社会学が医療サービスの供給者と消費者には支配従属関係があると指摘しています。

3-4 医療福祉サービスの特性

すでにサービスの類型化作業から，医療サービスが他のサービスと異なる特性を持つことが明らかになりましたが，経済学や医療経営論の先行研究からも，一般的サービスとの差異が明らかになってきました。それらを，医療福祉サービス自体の特性，サービス行為の構成要素の特性，サービス交換過程の特性の3つに整理して検討します。

(1) 医療福祉サービス自体の特性
　① 公共性‥‥市場特性・社会的特性
　　医療福祉サービスは生活必需サービスの典型であり公共財としての性格が強いでしょう。市場への参入，品質や価格などに関して規制が行われています。また医療保険制度や介護保険制度が支払いを担保しています。提供組織にも非営利性が強く出てきます。
　　医療社会学では病院を社会統制装置として捉えており，社会的役割責任を遂行できなくなった病人を治療し社会へ復帰させるという責任を病院に負担させると説明しています。
　② 重大性
　　医療サービスは非日常的で重大性を伴うサービスです。病気は患者さんの生命，健康，稼得所得や生活のQOLがかかっており，きわめて重要です。

しかも誰にでも起きる心配があり，緊急性も高いでしょう。
　③　結果の不確実性‥‥ヒューマン・サービス
　　医療は人に対する行為であり，結果の不確実性を伴います。医療サービスの結果は専門職の技術レベル以外に，患者さんの体調や個体差も関係し不確実です。結果の医学的評価も術後数年を経ないと判明しない場合もあります。このため民法では医療は「請負」や「委任」ではなく「準委任」契約とされています。専門的サービスの多くは代行行為であって，もし失敗しても結果責任を負うものではありません。問われるのは行為のプロセスにおける「善良なる管理者の注意義務（善管注意義務）」だけです。
(2)　サービス行為の構成要素の特性
　④　専門性
　　医療サービスは知的・技術的代行サービスのうちでも特に高度な専門的知識と豊富な経験を必要としています。そのため情報の非対称性も生まれるし，サービスの評価も困難になって信頼属性が高いと言われます。サービスを提供するのは医療専門職であり，消費の決定も患者さんではなく医療専門職が代行します。またサービス提供組織も専門職組織です。
　　サービスの構成要素については第2章でさらに検討します。医療専門職や専門職組織に関しては第4章〜第6章で取り上げます。
　　専門性はクライアント統制を発生させると医療社会学が明らかにしています。また専門職の労働市場もマーケティングの対象となります。
(3)　サービス交換過程の特性—長期的過程
　⑤　需要と生産の長期的過程
　　消費者が異常を認識して患者さんとなって病院に現れるまでには長期的過程があります。詳しくは第2章で検討します。一方医療サービスを提供するのは医療専門職や医療組織です。サービスの生産過程は長期にわたり専門的知識や技術が蓄積されてきています。サービスの提供は長期的生産過程のほんの一瞬にすぎなかったのです。サービスの生産過程に関しては第3章で改めて検討します。

⑥ 消費の反復性・継続性・長期性

　一般的サービスでも消費は一定期間を要する場合がありますが，医療サービスの消費ではさらに反復性，継続性，長期性が強調されます。入院なら2週間かかるかもしれないし，外来診療でも継続して何回か通院する必要があります。しかもいったん受診するとその後も術後のケア，リハビリ，定期検査など継続受診することになります。慢性疾患や高齢者医療では継続治療が原則です。一般サービスでも，大学教育，不動産賃貸や金融業など長期にわたるサービスがあります。しかも医療サービスには「事後効」[11]があります。消費の長期性に関しては第3章で改めて検討します。

3-5　高齢者ケアサービスの特性

　ここまでの分析は急性期医療を念頭に置いて検討してきました。しかし医療福祉サービスの内容は多様であり業態も様々です。高齢者ケア・サービスを急性期医療サービスと比較すると2つの点で大きく異なることがわかります。

(1) 供給不足による「準公共性」

　高齢者ケアは家庭における代替や労務代行も可能なため必需サービス・公共財としては医療ほど公共性も強調されていません。しかしかつては福祉制度として行われていたため市場が整備されておらず，サービスの供給が不足する地域では公的なサービス提供や補助金制度により整備が行われています。又在宅介護サービスでは営利企業の参入が認められ市場も急激に拡大し競争も激化しています。

(2) 準専門性・代替可能性

　高齢者ケアは施設への入所，通所，在宅の3つの方法で提供されています。家庭で家族による介護も行われています。もともと家庭でのサービス提供能力が核家族化や共働きにより不足したために医療福祉施設が補完機能を果たしていたものでした。介護職が提供する介護技術は日常生活の援助であり，医療と比較すれば専門性は高いとは言えません。

(注)

1) 清水滋『サービスの話　新版』日本経済新聞社，1978年。清水滋『現代サービス産業の知識』有斐閣，1990年。浅井慶三郎・清水滋編著『サービス業のマーケティング（改訂版）』同文舘，1991年。井原哲夫『サービス・エコノミー（第2版）』東洋経済新報社，1999年。
2) T.レヴィット（1960）土岐坤訳『マーケティングの革新――未来戦略の新視点』ダイヤモンド社，1983年。相互作用として捉えるのは，Gröonroos, C., *Service Management and Marketing*, 2nd ed., Johon Wiley & Sons, 2000, pp.45-60.
　＊本書では引用は邦訳文献を中心にしています。著者名の後の（　）内が原著の出版年です。原著については中島（2007）を参照して下さい。
3) Zeithaml, V.A., "How Consumer Evaluation Prosses Differ Between Goods and Services," *Marketing of Services, Proceding Series*, American Marketing Association, 1981.
4) 野村清（田中滋監修）『サービス産業の発想と戦略』電通，1983年。羽田昇史『サービス経済論入門（改訂版）』同文舘，1993年。
5) V.R.フュックス（1968）江見康一訳『サービスの経済学』日本経済新聞社。R・ノーマン（1991）近藤隆雄訳『サービス・マネジメント』NTT出版，1993年。
6) Hesket, J.L., W.E. Sasser, L.A. Schlesinger, *The Service Profit Chain; How leading companies link profit and growth to loyality, satisfaction, and value*, The Free Press, 1997, pp.98-111.
7) Arrow, K., "Uncertainty and the Welfare Economics of Medical Care," *The American Economic Review* 53-5, Dec., 1963.
8) 清水滋，前掲書，1978年，58-64頁。飯嶋好彦『サービス・マネジメント研究』文眞堂，2001年，16-20頁。
9) D.H.マイスター（1993）高橋俊介監訳『プロフェッショナル・サービス・ファーム』東洋経済新報社，2002年。P.T.コトラーほか（2002）臼井義男監修・平林祥訳『コトラーのプロフェッショナル・サービス・マーケティング』ピアソン・エデュケーション，2002年。
10) 藤村和宏「サービス提供組織の構造とサービス生産」サービス企業生産性研究委員会編『サービス企業生産性向上のために』財団法人社会経済生産性本部，1994年。藤村和宏「医療サービス生産の実態」サービス企業生産性研究委員会編『サービス企業における生産性・顧客満足・職務満足』財団法人社会経済生産性本部，1995年。高橋淑郎『変革期の病院経営―医療サービスの質の向上をめざして』中央経済社，1997年，67-75頁。島津望『医療の質と満足―サービス・マーケティング・アプローチ』千倉書房，2005年，3-28頁。
11) 事後効とは，サービス購入後も長期に持続する効用です。民法では契約終了後も持続する契約の効力を余後効と言います。

第2章
医療福祉サービスの顧客とサービスの構造

　本章では医療福祉サービスの顧客とサービスの構造の2点について検討します。まず医療福祉サービスの顧客を新たに定義したうえで，顧客概念の拡大を試みます。又医療福祉サービスの構成要素と構造について分析を行います。

1 新たな顧客の定義

　ドラッカーは事業とは何かを考えるには，最初に「顧客とは誰か?」を問うことが重要だと述べています[1]。しかし，従来の製造業やサービス業のマネジメントで用いられてきた用語を医療福祉サービスに当てはめても馴染まないように思われます。例えば顧客を患者さんと置き換えてマネジメントを考えるとかなり違和感があるのです。このような問題を正面から取り上げた研究は今までありませんでした。

1-1　患者さんは顧客か?

　「事業とは何か?」という基本的テーマについてドラッカーは「事業とは顧客の創造である」と述べています。西田耕三も「コンシューマーをカスタマーに変換していくための働きかけである」と説明しました[2]。従来の一般的な概念から言えば，消費者とは地域でサービスを必要としている人々すなわち患者さんであり，患者さんのうち当院を受診してくださる人々が顧客ということになります。しかし何かぴったりしません。西田の事業の定義に文脈通りに当てはめれば「消費者を顧客に変換する」とは，「治療を必要としている患者さんを自分の病院に集める，他の病院から患者さんを奪う，あるいは頻繁に通院さ

せる」などということになってしまいます。ドラッカーの「顧客の創造」も，「地域の患者さんを集める」ということで何ら創造的ではなくなってしまいます。また消費者を地域住民と考えた場合には，地域住民を患者さんにするというような変なことになってしまいます。誰も好き好んで病院へ来るわけではなく，患者さんには「顧客」として歓迎される存在以外の含意がありそうです。

　医療社会学では，病人とは社会的逸脱者として捉えられ「病人役割」を持つと言います[3]。医療経済学では医師は「患者の代理人」であると言われています。専門家である医師が患者さんに代わってサービスの内容を決定します。また医療需要の発生度と重症度には生理的要因や健康意識以外に生活環境，教育水準，就業状況や所得などの社会的要因が関係するとも言われています。このように医療社会学でいう患者概念や医療経済学でいうプリンシパル・エージェント理論も踏まえると，経営学で用いられてきた顧客概念をそのまま患者さんに当てはめるのは間違っていると考えられます。

　英語でも顧客を通常はカスタマーcustomerと呼び，弁護士事務所ではクライアントclientと呼びます。しかし病院ではペイシェントpatientと別の呼び方をしています。そこで医療福祉経営では，消費者と顧客について新たな定義が必要だと考えました。

1-2　新たな顧客の定義——中間概念としての顧客

1-2-1　消費者・顧客とは？

　医療はいつ必要になるか個人としては予測できないし，また誰にでも医療が必要となる可能性があります。そこで医療福祉サービスの市場における消費者と顧客を新たに次のように定義します。「消費者とは，医療福祉サービスを現在または将来必要とする可能性のある人々」であり，具体的には地域住民全てということになります。「顧客とは現在または将来医療福祉サービスが必要となった時に当病院を利用しようと思っている人々」で，病院の「シンパsympathizer（同調者，支持者）」ということになります。これなら「消費者を

顧客に変換する」ことは，「地域に病院のシンパを増やす」ことであり，「顧客の創造」も「病院のシンパを作り出す」こととなって創造的になります。

　消費者＝地域住民
　顧　客＝病院のシンパ

病院のマーケティングは地域に病院のシンパを増やすことになります。従来の経営学で言われていた「潜在顧客」が医療福祉サービスでは顧客そのものだったのです。医療福祉サービスでは人々は必ずサービスを受ける機会が発生するため，「潜在顧客を顧客化」させることよりも「消費者を潜在顧客化」させることの方が重要なのです。

1-2-2　患者さんとは？

患者さんは自分が病気ではないかと心配して病院を受診しようとする人であり，しかも病院で医師の確定診断を経て，初めて治療が必要な真の患者さんになります。患者さんは顧客のうちの一部でしかないのです。経営学で従来の顧客と言われてきたサービスの購入者である患者さんは，医療においては顧客の代表者であり顧客の一部にしかすぎなかったということになります。

　患者さん＝顧客の代表

しかも医療サービスは公的医療保険制度で賄われており，医療サービスの代金を支払うのは保険者です。患者さんは医療サービスを現物給付として受け取る保険サービスの利用者で，完全な購入者ではなかったのです。以上の関係を図2-1で示しています。

この消費者・顧客・患者さんに関する定義は，自動車損害賠償保険と比較すると一層明確に説明できます。自動車保険では消費者のうち保険契約者が顧客であり，交通事故による保険金の請求者（病院では患者さん）は顧客の代表です。自動車保険では保険会社の選択ができますが，医療においては消費者（地域住民＝被保険者）は全て国民皆保険制度により契約者（保険会社でいう顧客）

図2-1　保険医療をめぐる3者の一方的関係

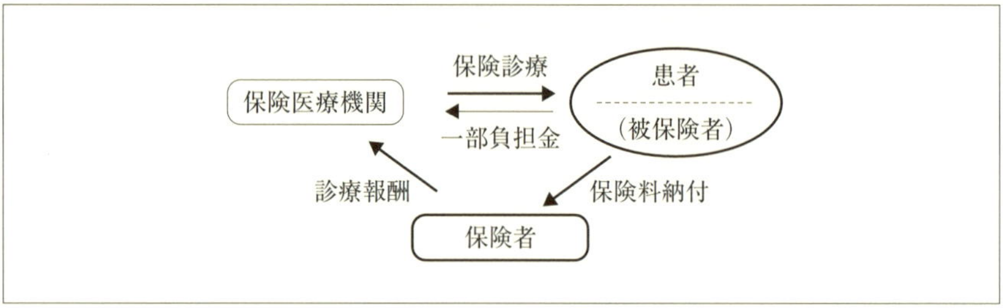

```
        保険診療
保険医療機関 ←――→  患者
        一部負担金  （被保険者）
   診療報酬        保険料納付
        保険者
```

出典：中島（1993）を一部修正

になってしまいます。医療でいう消費者（地域住民＝被保険者）は保険会社で言えば顧客のはずだったのです。

なお医療社会学ではどのようにして顧客が患者さんになるのかという患者行動が分析されているので第3章でさらに検討します。

1-2-3　保険者とは？

保険者は地域住民の保険積み立て代理人であり医療費支払代理人すなわち管財人ということになります。

　　保険者＝医療保障財源の管財人

医療サービスにおける消費者・顧客はこの管財人が存在するために，サービスに対する支払い機能を持たず，その結果コスト負担意識が欠如することになります。医療福祉サービスの供給側から見れば保険者は顧客のスポンサーであり，もう一人のお客様でもあります

以上を図示すると図2-2のようになります。

1-3　類似サービスにおける顧客

この新しい定義を類似する他のサービスに当てはめて妥当かどうか検証しま

図2-2　医療サービスにおける顧客概念

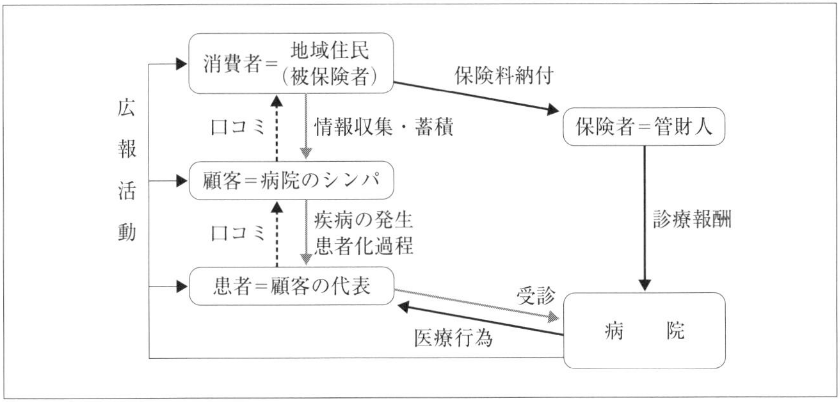

```
                    消費者＝地域住民
              ┌──→（被保険者）──── 保険料納付 ──→ 保険者＝管財人
              │       ↑口コミ│情報収集・蓄積              │
   広報活動   │    顧客＝病院のシンパ                    │診療報酬
              │       ↑口コミ│疾病の発生                  │
              │              │患者化過程                  ↓
              └──→ 患者＝顧客の代表 ←── 受診 ── 病　院
                              ── 医療行為 →
```

出典：中島（1993, 1996）を一部修正

す。
(1) 損害保険サービス

損害保険サービスでは保険契約者と保険事故者の関係が，病院における「シンパ」と患者さんの関係と同じです。医療保険は強制保険で地域住民全てが保険に加入しているため保険会社から見れば顧客となってしまいます。そこで地域住民と患者さんとの中間概念として「顧客＝シンパ」という新たな概念が必要だったということになります。

(2) 福祉サービス

福祉サービスにおいては消費者は地域住民ですが，顧客概念が馴染まないでしょう。福祉施設の選択については，行政措置から自立支援制度に代わって利用者に選択権が与えられたものの，選択できる施設数が少なく現実には不可能です。福祉サービス市場では顧客の持つ最も重要な「選択機能」を行政が留保していたり，市場自体を行政がコントロールしています。行政が実質的に「消費の決定代行者」となっており，サービス提供施設も行政サービスを受託したいわゆる行政の末端機構だとも言えます。しかし在宅サービスに関しては民間業者の参入により選択が可能となってきています。

(3) 公共的サービス―交通サービス

公共的サービスである交通サービスの場合には，新たな定義がぴったり当てはまることがわかります。交通サービスにおける顧客は，従来の顧客概念から言えば「いつもご利用いただいているお客様」ということになりますが，新しい概念で「シンパ」と考えれば，「サービスが必要となったときに当交通機関を利用しようと考えている人々」ということになります。従来の顧客（現実の交通機関利用者）は顧客の代表ということになります。交通サービスは医療サービスと同じように必需性があり，潜在顧客の顧客化は重要ではありません。

(4) プロフェッショナル・サービス―弁護士事務所

弁護士事務所の提供するサービスは専門性が高く重要性がありますが一般市民が頻繁に利用するわけではありません。顧客は個人の場合には「シンパ」ですが，法人の場合にはほとんどが顧問契約を結んでいます。そして事件が起きたときに相談に来ることになります。弁護士事務所では顧問契約先が顧客であり，事件のために相談に来たクライアントは患者さんと同じ位置づけになるでしょう。

以上を表2-1に整理してあります。新たな消費者・顧客・患者概念によって，医療福祉サービスのマーケティングの対象や方法がより明確になってきます。

表2-1　消費者・顧客概念の比較

	医療	損害保険	障害者福祉	交通機関	弁護士事務所
消費者	地域住民	全国民	地域住民	地域住民	地域住民企業
顧客	シンパ	契約者	?	シンパ	顧問契約先 シンパ
顧客の代表	患者さん	保険事故者	入所者	乗客	依頼人
支払い責任	×（社会保険）	×（民間保険）	×（支援費）	○	○
選択可能性	○	○	×	○	○

出典：中島（1993, 1996）を一部修正

1-4　顧客増加

新しい顧客概念を用いて病院のマーケティングを考える時には，いかにして病院のシンパを増やすかということになります。顧客数は次の式で表されます。

　　　顧客数＝住民数×認知率×支持率

すなわち，医療機関にアクセスできる地域住民が増加し，地域の住民に医療機関の存在をより多く知ってもらい，その上で病気になったらその医療機関にかかろうとより多くの人々に決めてもらうことです。

しかし，地域住民数を増やすことは簡単にはできませんし，認知率を高める戦略も新設病院でもない限りすでにほとんどの住民が病院の存在を知っているため効果は期待できません。このことから病院のマーケティング戦略は，専門品と同じように認知率よりも支持率を高めるための品質訴求が重要となってくるでしょう。

しかも重要なのは「医療の質」に関する広報ですが，専門性も高くまた医療サービスの場合には広告規制があるために限界があります。

2　顧客概念の拡大

ここまでは医療サービスにおける「直接顧客」の分析をしてきました。しかし，医療機関のお客様は，地域住民や患者さんだけではなく，他の医療福祉施設，医療専門職，内部顧客，そして外部関係者などもっと拡大して考える必要があります。

2-1　他の医療福祉施設

地域における他の医療福祉施設も，病院にとっては顧客として位置づける必

要があります。他の病院や診療所，老人保健施設，特別養護老人ホームなどは患者さんを紹介してくれるため，販売業でいう代理店やディーラーと同じです。しかも，現代医療では一医療機関で全ての医療福祉サービスを提供することは不可能ですから，補完施設やネットワークが不可欠です。急性期病院にとっては患者さんを紹介していただける施設以外に，退院促進を図るため後方施設として，長期入院患者さんの紹介先ネットワークが必要となっています。

2-2　医療専門職

マイスターは弁護士事務所，公認会計士事務所などのプロフェッショナル・サービス・ファームでは「クライアントの市場」と「プロフェッションの労働市場」という2つの市場を視野に入れなければならないと指摘しています[4]。専門的サービスの仕事の本質は，個別受注生産によって専門職が提供するものですから，ひとが資産です。医療サービスでも同じことが言えるでしょう。プロフェッショナル・サービス・ファームとの違いは，医療施設の方が一般的には大規模で，またコ・メディカルと言われる多様な専門職が多数配置されていることと，施設や設備も重要な経営要素であるということです。しかも医療専門職に関しては，外部専門職社会がさらに重要な意味を持っています。

医療専門職には組織外部に横断的な労働市場が存在します。医師の労働市場は，他の専門職と異なり大学医局という壁で仕切られた特殊な市場となっています。大学医局と病院とは，製造業でいう「系列」のような関係です。大学医局が，所属する医局員を専門医として育成するためのローテーション人事を行っており，病院は大学医局から専門医の派遣を受けているという関係です。最近は，医師不足や偏在が原因で大学医局から医師の派遣を得られずに診療科を廃止したり，病院を閉鎖しなければならないような状況まで発生しています。

病院経営としては，医局員から赴任したいと希望が出るような選ばれる病院にしていかなければなりません。看護師や他の医療専門職も優秀な医師のいるところへ集まってくる傾向があります。最新の医療設備・機器，技術水準，そ

して何よりも優秀な医療専門職を集めることが求人対策上必要です。

2-3　内部顧客

マーケティング研究では，サービス提供組織内部の生産過程に着目するインターナル・マーケティングが重要とされています。ヘスケット・サッサーらも従業員のモチベーションを高め，仕事に対する満足感を与えることが重要だと指摘しています[5]。

また，従業員同士でも顧客関係があります。製造業におけるTQC活動では「後工程はお客様」と言われます。流れ作業で製品が作られている場合，前工程を担当する職場にとっては後工程の職場のニーズに応えられるように作業を改善することが品質の向上につながります。サービス・マネジメントの分野でもお客様に接するフロント・ラインとそれを支えるバック・ヤードとの相互作用の重要性が指摘されています。医療サービスでは患者さんに直接接する医師，看護師，受付などがフロント・ラインに相当します。

2-4　外部顧客

サービス産業のTQCでは，サービスの品質向上のためには，サービスの直接対象者であるお客様に加えて，広く社会も視野に入れる必要があると指摘しています[6]。テレビ放送会社のお客は視聴者とスポンサーですし，銀行のお客は預金者と貸付先です。しかも立場の異なるお客様はニーズもまた異なります。医療保険制度では医療機関にとっては最低2人のお客様，すなわち患者さんと保険者がいます。

しかも医療福祉施設の場合には，保険者以外の外部関係者，例えば監督官庁，地域医師会，取引関係者，銀行なども顧客と考える必要があります。監督官庁や地域医師会との良好な関係が施設の許認可や各種指定などの場合に大きく影響します。

3 福祉サービスにおける顧客

3-1 顧客概念の修正

ここまで医療サービスにおける顧客について考えてきましたが，次に福祉サービス分野へ拡大して考えてみましょう。障害者施設のような福祉施設の場合には市場や顧客の選択がないことをすでに明らかにしましたが，高齢者ケア・サービスは市場への新規参入や多様なサービスの登場で大きく変化しています。

新たな顧客の定義「もしサービスを受ける必要が生じたら当施設を利用しようと思っているひと」は，福祉サービスの場合には修正が必要です。例えば介護サービスにおけるお客様には，①利用者本人と②介護者がいます。福祉サービスでは介護する家族も重要なため，「もしサービスが必要となったら本人に利用させようと思っている家族」も顧客に追加する必要があります。施設への入所はもちろん，ショート・ステイ，デイ・サービスなども介護者のニーズに基づいているのです。

3-2 顧客概念の拡大

医療サービスで第二の顧客と考えた「地域における他の施設」は，福祉施設でも全く同様でしょう。医療福祉施設間の途切れのないネットワークが不可欠になっています。例えば老人保健施設を開設する場合には，地域の医療機関に挨拶に回り，入所対象者の紹介を依頼します。

第三の顧客である「専門職」は高齢者サービス分野でも存在します。社会福祉分野では福祉資源の活用について裁量権のある人々が「ストリート・レベルの官僚制」としてその自律性が認められています。ケア・マネジャーは高齢者の介護サービスに関して決定権を持っています。しかも高齢者サービスでは介護度の評価，ケア・プランの作成，実際の介護が別々のひとや組織によって行

われることも多く，そのため福祉専門職に選ばれることがマーケティング上も必要となります。

第四の顧客である「従業員」については，医療施設と異なるのは専門性のレベルがそれほど高くない「準専門職」の存在です。高齢者福祉でも障害者福祉でも，厳しい労働条件の下で従業員の犠牲的奉仕の精神に支えられてかろうじて成り立っている職場でもあり，とても貴重なお客様と言えるでしょう。

第五の顧客である「外部関係者」のうち，監督官庁は福祉施設にとっては，顧客というよりも発注元，親会社といえる存在です。福祉サービス領域ではもともと行政の委託業務として行われてきたため，事業の認可や指定，補助金の交付など全てを行政官庁に依存せざるを得ません。

4 医療福祉サービスの構造

ここでは医療福祉サービスについてさらに分析を深めます。サービスの構成要素や要素間の関係を分析することによって医療福祉サービスの内容が明らかになります。最後に医療保険制度との関連についても検討します。

4-1 医療福祉サービスの構成要素

4-1-1 サービスの構成要素に関する先行研究

サービスを分析する手法として，サービスの構成要素を明らかにするという方法があります。清水滋は実際に観光地の和式旅館を例に挙げて宿泊サービスの主要な商品因子を分析しています[7]。藤村和宏はサービス生産の要素が，フロント・ラインにおける①物理的環境，②従業員，③顧客とで構成されるとしています。物理的環境とは建物の外装や内装，機器や備品，音や香りなど顧客が関知できるもの全てを含みます[8]。飯島好彦も藤村に依拠してホテル・サービスについて同様の整理をしています[9]。医療福祉サービスに関しても同様の方法で整理ができそうです。

4-1-2 医療福祉サービスの構成要素

急性期病院における医療サービスの構成要素を分析すると，①医療行為・看護行為，②物理的環境，③組織的環境に分類できそうです。藤村，飯島らと異なるのは，医療専門職が全ての構成要素に関与しているため従業員から医療行為だけを分離したこと，患者さん同士はベッドに寝たきりで相互の関係が少ないため除外し，代わりに組織的環境を追加したことなどです。それぞれについて詳しく見ていきましょう。

(1) 医療行為・看護行為（医療専門職が提供する）

病院では診察，検査，入院，投薬，手術，リハビリテーションなどの一連の医療行為や看護行為を提供しています。医療行為は医師の業務独占とされており，医師を補助する多様な専門職もいます。入院中の患者さんを看護するのは看護師です。医療行為を構成するのは医療技術と情報です。サービスを提供する医療専門職は専門教育と臨床経験を経て医療技術と情報を蓄積しています。

(2) 物理的環境（医療専門職が関与する）

医療サービスにおける物理的環境には①施設・設備・機器と，②サービスに必要な材料があります。

① 施設・設備・機器

病院では医療サービスを提供するために，外来，病棟，検査室，手術室などの施設を整備し，CT，MRI，超音波診断装置などの診断機器や手術機器を用意しています。最先端の設備機器を備えることは医療専門職や顧客の要望でもあります。

② サービスに必要な材料

医療サービスには，医薬品，診療材料，補装具などモノも必要です。

以上のような施設・設備も特殊な医療設備であり，また医薬品・医療材料など全てにわたって医療専門職が関与していることが医療サービスの特徴です。

(3) 組織的環境

以上のほか病院の提供するサービスには笑顔や優しい言葉，迅速な連絡や対応などひとの態度，仕事の仕組み，組織文化などが含まれています。

同じような方法で他の医療福祉サービスについてもその構成要素を分析することにより差異が明らかになるでしょう。

4-2　医療福祉サービスの構造

4-2-1　サービスの構造に関する先行研究

サービスの構造に関しては多くのマーケティング研究者の先行研究があります。レヴィットは製品やサービスの構造を4つの同心円で説明しました。円の中心には，①一般的製品として基本的になくてはならない部分があり，その外側に②消費者が製品に期待する最低部分があって，さらに外側に③消費者が期待する以上の拡大された部分，そして外縁に④潜在的製品として現在の技術で満たされていない部分があると説明しました[10]。コトラーはホテルを例にあげて5つの次元があると説明しています。①中核ベネフィットとして「休息と眠り」を提供する，②一般製品としての建物・設備，③期待された製品としての清潔さや消耗品など，④拡大された製品としての差別化部分，さらに⑤潜在的製品として将来の製品のあり方を示すものなどです[11]。スワン・コームズらは，①手段的成果と②表出的成果に分けています[12]。嶋口充輝も①本質的サービスと②表層的サービスに分けています[13]。ノーマンはサービスを，①コア・サービスと②周辺的サービスの2つに分類します[14]。

以上のように多くの先行研究がサービスの構成要素に中核的・基本的なものと表層的・付帯的なものがあること指摘しています。またサービス提供過程が含まれることを示唆しています。

4-2-2　医療福祉サービスの構造

本書では医療サービスの構造を，サービス構成要素間の関係とサービスの提供過程という立体構造として考えています。先にあげた医療サービスの構成要素である医療行為・看護行為，物理的環境，組織的環境の構造を次のように組み立てています。すなわち医療行為・看護行為と物理的環境を①コア・サービ

図2-3 医療サービスの構成要素

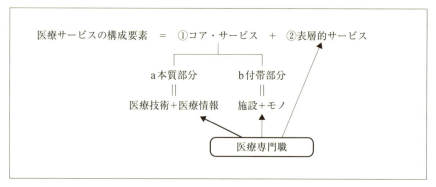

出典:中島(1993, 1996)を一部修正

スとし,組織的環境を②表層的サービスとします。さらにコア・サービスを(a)本質部分と(b)付帯部分に分けます。医療行為・看護行為は本質部分で,物理的環境が付帯部分です。その上で別の次元として③サービス過程を追加します。医療サービスの構成要素を図2-3で示しています。

図2-3で医療行為・看護行為を医療技術・情報と言い換え,しかも医療専門職から分離したのは,行為の本質が医療専門職が提供する医療技術と情報にあり,知的・技術的資産としての「ソフトの在庫」の存在を明確にしたいためと,医療専門職が他の全ての構成要素に関与しているためです。病院を訪れる患者さんは,病気の診断や治療,看護などを受けることを主たる目的にしています。コア・サービスのうちで,医療専門職が提供する医療技術と情報がその本質部分であり,病室,手術室や診断機器と医薬品や診療材料などの物理的環境が付帯部分となります。表層的サービスとは,コア・サービスを提供するための仕組みやソフトであり,組織に蓄積されている組織的環境と言えます。

さらに図2-3に,時間軸としての③サービス過程を加えると,医療サービスの構造は新たな立体構造として図2-4のように描かれることになります。

図2-4 サービスの構造

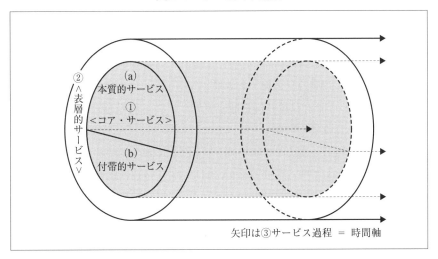

出典：中島（2007）

4-3 コア・サービス

コア・サービスは本質部分と付帯部分に分けられます。

(1) コア・サービスの本質部分

コア・サービスの本質部分とは医療専門職が提供する医療技術や情報です。医療技術は公式な専門教育と臨床経験の積み重ねによって医療専門職であるひとに蓄積されていきます。医療情報には，医学全般の知識と専門分野の医学的症例の蓄積に加えて，患者さんの個別診療情報もあります。医療専門職にとってはこれらの技術や情報が蓄積ができるかどうかが最大の関心事となっています。

本来は，患者さんが医療サービスに求めるものもこの本質部分でしょう。しかし，患者さんにとっては本質部分は専門性が高いため自分では評価できません。そこで専門家の意見を求めるか，あるいは次の付帯部分から推測することになります。

(2) コア・サービスの付帯部分

　コア・サービスの付帯部分とは施設とモノですが，患者さんが評価できるモノとできないモノがあります。病院には多くの高額な医療設備・機器が組み込まれており，医療は設備集約型のハイテク産業と言えます。最新の診断機器や治療機器は医療専門職のリクルート対策としても欠かせません。これらは専門性が高く，「しろうと」には評価不能ですが，マスメディアの情報や患者さんの口コミで知られるようになっていきます。

　一方，入院に関わる病室などホテル・サービスの部分は患者さんにも評価可能でしょう。しかしこれらのサービスに関しても医療専門職が関与していることがホテルとは異なっています。しかも快適な入院環境というアメニティ部分に関しては診療報酬に十分反映されているとは言えません。

　医薬品や診療材料などのモノも患者さんには評価不能です。しかも厚労省で認可したモノしか使用できないため差別化は困難です。食事に関しては患者さんにも評価可能でしょう。高齢者ケア・サービスや慢性期医療では最も重要な要素だとの指摘もあります。しかし，急性期病院で短期の入院の場合にはその重要性は減少するでしょう。

4-4　表層的サービス

　表層的サービスとは，職員の愛想の良さや親切さ，問題が起きた時の対処の仕方の手際よさなど，ひとや組織がサービス行為を提供するに当たってのソフトやシステム，組織文化などを含んでいます。この表層的サービスは診療報酬では全く評価されていない部分なので，保険制度の枠外で何らかのインセンティブを用意する必要があると考えられます。

4-5　サービス過程

　サービスが提供される過程は，サービスを構成する要素とは次元が異なるも

のですがサービス・マネジメントにとっては重要な課題です。サービス提供過程そのものに着目するのは，サービスの同時性に対する時間的・空間的概念の拡大を含意しています。サービスの構成要素であるコア・サービスや表層的サービスに時間軸を付与して，サービスがどのように生産され提供されるのか，一方でどのように需要され消費されるのかを描き出したいからです。

(1) 過程品質・経験品質

ドナベディアンは，医療サービスの品質評価の方法として①構造，②過程，③成果の3つに分解しています。医療機能の評価では構造的品質の評価から過程品質，成果品質の評価へと移行してきている指摘しています[15]。過程品質の評価は，主にカルテの記録を中心に行うことになります。ザイタム（1981）は製品の属性を，①探索属性，②経験属性，③信頼属性に分解していますが，経験属性は過程品質と重なる概念でしょう。藤村もサービスを成果品質と過程品質に分解しています。マイスター（1997）はプロフェッショナル・サービスを①技術的品質（どれだけ良い仕事をしたか），②サービスの質（クライアントがどれだけ良い経験ができたか—経験品質）に分けています。

(2) 相互作用品質・参加型サービス

多くの先行研究が，サービスの質が顧客との相互作用や参加の度合いによって影響を受けると指摘しています。良いサービスが提供できるかどうか，利用者が満足できるかどうかが，利用者自身の参加の仕方に大きく依存することになります。患者さんはいくらコア・サービスを求めて病院へ来るとしても，提供側と信頼関係が築けないと感じれば他の病院へ逃げてしまいます。サービス提供者と患者さんの相互作用によるサービス過程は，それほど重要でもあります。

4-6　医療サービスの構造と医療保険制度

医療サービスの構造は，コア・サービス（本質部分+付帯部分）と表層的サービスという2つの構成要素と時間軸上のサービス過程として描かれまし

た。これは，今後の望ましい医療保険制度の提案にもつながります（表2-2）。

表2-2　医療サービスの構造と医療保険制度

サービス構造		サービス基準・規制	評価可能性 （評価者）	価格制度	負担者
コア・サービス	本質部分	適正基準 （規制）	評価不能 （専門評価機関）	公定価格 （医療保険）	保険者
	付帯部分	最低基準 （規制）	評価不能 （専門評価機関）	公定価格 （医療保険）	保険者
		基準超過	評価可能	自由価格 （価格表あり）	患者さん
表層的サービス		基準なし	評価可能	自由価格 （価格表あり）	患者さん
サービス過程		基準なし	評価可能	自由価格 （価格表なし）	患者さん

出典：中島（1993, 1996）を一部修正

　コア・サービスのうち，サービス基準が定められており，かつ患者さんの評価が不可能な部分は公定価格としての診療報酬から支払われます。しかし，利用者が評価可能な部屋代や食事などは，定価表から選べる自由価格制度でもいいでしょう。またサービス基準がなく患者さんに評価できる表層的サービスやサービス過程は，チップのように自由に支払ってもらっても良いのではないかと考えています。これによって医療サービスの提供側のインセンティブにつながり，さらに良いサービスが提供されることになると考えます。

（注）
1) P.F.ドラッカー（1954）上田惇生訳『新訳　現代の経営　上』ダイヤモンド社，1996年，67-87頁。
2) 学部講義「経営原理」。
3) T.パーソンズ（1951）佐藤勉訳『社会体系論』青木書店，1974年，429-434頁。
4) D.H.マイスター（1997）高橋俊介監訳『プロフェッショナル・サービス・ファーム』東洋経済新報社，2002年，3-4頁。
5) Hesket, J.L., W.E. Sasser and C.W.L. Hart, *Service Breakthroughs; Changing the Rules of the Game*, The Free Press, 1990, pp.1-29.

6) 狩野紀昭編著『サービス産業のTQC』日科技連，1990年，137-141頁。
7) 清水滋『サービスの話　新版』日本経済新聞社，1978年，58-59頁。
8) 藤村和宏「サービスの生産過程とオペレーション」サービス企業生産性研究委員会『サービス企業生産性向上のために』社会生産性本部，1994年，29-66頁。
9) 飯島好彦『サービス・マネジメント研究』文眞堂，2001年，9-12頁。
10) Levitt, T., "Marketing Succes through Differetiation of Anything," *Harvard Business Review*, Jan.-Feb., 1980.
11) P.コトラー (1994) 小坂恕・疋田聰・三村優美子・村田昭治訳『マーケティング・マネジメント（第7版）』プレジデント社，1996年，412-431頁。
12) Swan, J.E. and L.J. Combs, "Product Performance and Consumer Satisfuction: A New Concept," *Journal of Marketing*, Vol.40, April, 1976.
13) 嶋口充輝『顧客満足型マーケティングの構図』有斐閣，1994年，64-91頁。
14) R.ノーマン (1991) 近藤隆雄訳『サービス・マネジメント』NTT出版，1993年，87-104頁。
15) Donabedian, A., *The Definition of Quality and Approaches to Its Assessment*, Health Administration Press, 1980, pp.79-128.

第3章
医療福祉サービスの交換過程

　前章での医療福祉サービスにおける新たな顧客概念とサービスの構造分析を踏まえて，第3章では医療福祉サービスの交換過程を明らかにしたいと思います。まず医療福祉サービスの需要過程を分析し，さらに生産過程を分析します。消費者はどのように医療サービスを需要し・購入し・消費するのか，そしてサービス提供者はどのようにサービスを生産し・販売し・提供するのかというサービスマネジメントの中心部分が明らかになってきます。

1　医療福祉サービスの需要過程

1-1　医療福祉サービスの需要過程

　サービスの需要過程に関する先行研究からは，需要者が生産過程に参加すること，事前に品質の評価ができないので何らかの外在的品質評価（てがかり）を必要とすることなどが指摘されています。専門的サービスの場合には信頼属性が高いために，まず第一に，専門的サービスの質についての情報収集という準備作業が必要だと思われます。

　医療福祉サービスの需要過程について急性期医療を例に考えてみましょう。①何らかの症状を経験し受診することを決意する過程と，②どの医療機関を受診するかという選択過程の2つの段階があります。医療社会学が患者行動の分析によって，病気の認識と受診を決意する第一段階の過程を説明しています。

1-2　医療社会学における患者行動研究

　パーソンズは病気を「社会的役割からの逸脱」と定義しました[1]。フリードソンはさらに，その意味を社会的相互作用から生じる社会現象（身体症状ではなく）であるとしています[2]。さらに現代医療では病気になるおそれ（危険因子）の予防まで含むようになっています。

　サッチマンは「患者行動の5段階モデル」によって，時間の経過とともに患者行動が次のように変化すると説明しています[3]。

① 症状体験段階：どこかが悪いという症状の主観的認知があり，医療ケアを受ける，病気を否定する，受診を遅延させるなどの意思決定が行われます。
② 病人役割取得段階：自覚症状を持った個人は家族や友人からの忠告や情報を得ると同時に，役割遂行任務の免除を求めます。
③ 医療ケアとの接触段階：医療機関に受診します。専門職によって病人役割が承認されることになります。
④ 依存的患者役割段階：医療専門職の指示に従います。
⑤ 回復・リハビリテーション段階：患者役割から解放されていく過程です。

　患者さんには各段階で異なる意思決定や役割行動が求められていることがわかります。また①症状体験段階から③医療ケアとの接触段階までにかなり長期の時間が経過する場合や他の代替的治療も受けたりする段階が入る場合もあるでしょう。

1-3　購買行動

　前章で医療サービスの消費者・顧客分析から，消費者が医療サービスを購入するには二段階のステップ，すなわち①消費者から「顧客（シンパ）」へ，②「顧客」から患者へ，があると指摘しました。消費者から顧客になるには，あらゆる情報を集め慎重にかかりつけ医療機関を決定します。そして疾病の発生に伴い受診するという長期的プロセスです。しかも，西村周三は医療の情報量

図3-1 医療サービスの購買行動

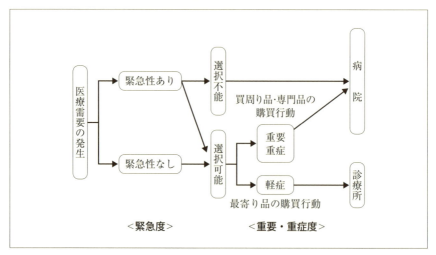

出典:中島(1993, 1994)を一部修正

について病気であると自覚した後で急増すると指摘しています[4]。

　そして医療機関を受診するにあたっても,重要な意思決定が必要になります。コトラーら(2002)は消費財を最寄り品,買回り品,専門品,非探索商品に分類していますが,医療サービスの購入においても当てはまりそうです[5]。実際に医療需要が発生した場合,意識不明で救急車で搬送される以外はほとんどが医療機関を選択できるはずです。そしてどの医療機関を選ぶかという選択では症状の重要度や重症度によって,最寄り品のように近くの診療所や薬局へ行く場合から,専門品や非探索商品のように急性期病院や大学病院へ受診する場合まであります。医療サービスの購買行動を図3-1で示しています。

　しかしその場合に,選択のための判断基準が消費者にはありません。そこで職員が親切で優しいとか,検査や診断機器がそろっているとか,規模が大きい,などの外観的基準や,家族や知人・マスコミなどの評判という他人の基準によって選択することになってしまいます。

　なおマーケティング研究ではロイヤリティ効果が説明されていますが,医療

サービスでも消費者が医療情報を蓄積した上で「顧客（シンパ）」となるので同様なことが言えそうです。

以上のように，医療福祉サービスの購買に至る需要行動の分析から明らかとなった長期的過程は次のようにまとめることができます。

① 医療サービスの必需性や蓋然性ゆえに，消費者は事前に多くの情報を収集する努力をしている（消費者段階）。
② 自分が病気になった場合に受診する医療機関を決める（顧客段階）。特に健康に不安を持つ人々は情報を積極的に収集する。

以下は医療社会学の患者行動分析によるものです。

③ そして病気の症状を認識する（症状体験段階）。
④ さらに素人間の紹介システムによって病気であることを確認し，自己治療や代替医療なども試みる。
⑤ 最終的に病院へ受診することについて社会的承認を得る。
⑥ 病院へ受診する。

患者さんとして病院へ現れる前に，情報の蓄積，社会的承認，医療機関の選択など実に長期の需要過程（消費準備過程）が存在することが明らかとなりました。

2 医療福祉サービスの生産過程

サービスの生産過程に関する従来の研究では「サービスの生産と消費の同時性」が強調されていました。野村（1983），羽田（1998）らはこれを否定し，「提供と消費の同時性」を主張しています[6]。しかし本書ではこれらを全て否定し，医療のように専門的なサービスにおいては，生産物としての「ソフトの在庫」が存在するために，生産と提供が同時ではないこと，提供と消費も同時ではないと主張します。

2-1 サービス生産に関する先行研究

2-1-1 生産と消費の同時性と無形性・非貯蔵性

サービスの生産に関する先行研究では生産と消費が同時であるということが通説となっていました。それはサービスが無形であり貯蔵できないこと，相互行為であることなどに起因していると指摘されています。しかしサービスの無形性や非貯蔵性はサービスが行為や機能であることから生ずる特性で，生産と消費が同時である必要がないことが明らかです。

2-1-2 提供と消費の同時性

野村や羽田は通説であった「生産と消費の同時性」を否定し，「提供と消費の同時性」を主張しました。野村は，「サービス・メディア」という新しい概念を使うことによって，サービスの生産と提供とを分離でき，ストックもできると考えました。しかし，生産と提供が分離できるサービスには技術的限界があり限定的だと考えていたようです。サービスにおける知的・技術的蓄積すなわち「ソフトの在庫」の存在と，モノ作りと同じような長期的な生産過程（質の作り込み）という特徴については自覚的ではありませんでした。

2-1-3 長期的生産過程とソフトの在庫

医療サービスのような専門的サービスにおいては長期的な生産過程と，知的・技術的蓄積（ソフトの在庫）の存在が明らかです。しかも現代のサービス産業では，単純・労働代行サービスであっても長期的なサービスの生産過程が見られるようになっています。ハンバーガー・ショップやコンビニなど販売時に技術的・専門的サービスを高度に必要としない業務でも，冷凍食材や解凍調理システムの開発，流通・在庫システムや接客マニュアルなど多くのノウハウが事前に組織に蓄積されています。サービスの提供は即時的・同時的であっても生産過程は長期にわたり，無形のノウハウの蓄積があって初めて可能となります。サービスの生産過程は有形財の生産過程と同じく，長期にわたるものだ

と言えます。

　このような視点から改めて先行研究を詳細に検討すると，レヴィット，ヘスケット，ノーマン，嶋口，グリョンルースらの研究にも長期的生産過程や「ソフトの在庫」の存在を示唆する記述を数多く発見することができます。レヴィットはサービス生産の工業化が可能だと述べています[7]し，ヘスケットはレヴィットの言うような工業化手法には反対するもののサービス生産のシステム化が重要だとしています[8]。工業化やシステム化は長期的な生産過程やノウハウの蓄積を含意しているでしょう。ノーマンがサービス生産システムの構成要素としてあげているもののうち，サービス・デリバリーシステム，イメージ，組織文化などはきわめて長期間にわたってサービス組織の中に醸成されていくものです[9]。嶋口はサービス生産に科学的運営法（サイエンスによるスキル）があるとして，標準化，マニュアル化，などの運営ノウハウが組織に蓄積される必要があることを示唆しています[10]。

　以上からサービスの特性と考えられていた時間・空間の限定性という枠を超えて，知的・技術的な「ソフトの在庫」の存在が明らかとなりました。生産と消費の同時性・即時性・一過性などから連想される「生産の瞬間性」は否定され，サービス生産が長期的生産過程を持つという特性が明らかです。

2-2　医療福祉サービスの生産過程

2-2-1　不確実性と個別受注生産

　医療サービスの生産に関する医療経済学の先行研究では，結果の不確実性，個別受注生産，プリンシパル・エージェント理論などが説明されています。しかし医療福祉経営の視点からはもう一歩踏み込む必要があります。

2-2-2　サービスの構成要素と長期的生産過程

　第2章でのサービスの構造分析を踏まえて，サービスの構成要素ごとにその生産過程を分析することが可能です。コア・サービスの本質部分である医療技

術や情報は医療専門職によって提供されており，彼らがサービスを提供することが可能となるまでには，専門教育とその後の臨床経験など長期間を必要とします。しかも日進月歩の医療技術に遅れをとらないように研鑽を積んでいます。医療技術や情報は医療専門職や組織に長期間かけて蓄積され，サービスを提供するために事前の準備が行われているのです。

サービスの付帯部分である建物・設備・医療機器などにつても，全てにわたって医療専門職が関わっています。

さらに表層的サービスは，医療専門職の行動姿勢や組織文化，サービス・システムに依存しているため，一朝一夕に洗練できるわけではなく，長い期間をかけて形成され組織の人々に共有されていくものです。

2-2-3 即時性・同時性の否定

医療福祉サービスではサービスの提供前に長期的な生産過程が存在することが明らかとなりました。医療サービスの「質の作り込み」は，長期的な学習や知的労働の事前の投入と経験の蓄積が必要不可欠です。これは「在庫の不可能性」ではなく，無形の財産である「ソフトの在庫」が存在し，その在庫を切り売りしているといえます。サービスの提供の時点が生産ではないのです。これらは弁護士や公認会計士などの知的労働サービスでも同様です。知的労働サービスの提供は，専門知識・経験などの蓄積（ソフトの在庫）が専門職の身に付いており，それらを切り売りしているのです。同様のことが大学教授や経営コンサルタントにも言えるでしょう。

しかし，交換の時点だけを捉えれば，供給能力の限界があるため，在庫はきかないし，供給量の調整は不可能です。在庫の不可能性は，サービスの同時性や無形性に起因するものではなく，サービス提供の瞬間において供給側に時間・空間・労働力などの供給能力の有限性があることを指していたにすぎません。

医療福祉サービスにおける「ソフトの在庫」や「質の作り込み」という視点は，知識や技術がひとや組織に蓄積されていく過程を説明するものです。これ

らは技術的サービスや芸術的サービスを提供する美容師や芸術家などにも当てはまるでしょう。

3 医療福祉サービスの交換

　医療福祉サービスの需要過程，生産過程を分析したところ，一般的サービスの特性と大きく異なり，むしろ有形財の生産に限りなく近いことが明らかになりました。さらに医療福祉サービスの交換にあたっては相互作用や需要・供給の準備過程が重要であることが明らかとなります。

3-1　サービスの交換に関する先行研究

3-1-1　真実の瞬間　moment of truth

　サービスの交換に関しては交換の瞬間の重要性がカールソン，ノーマン，アルブレヒトらによって指摘されてきました[11]。しかし，その意味は交換の瞬間が重要だからこそ，事前の準備過程をもっと大切にする必要があると考えた方が良さそうです。交換の瞬間をカールソンは「真実の瞬間 moment of truth」と名付けました。moment of truth とはスペインの闘牛で闘牛士が牛の急所に剣で最後の一撃を加える瞬間を意味しています。

　しかし，そんな瞬間をマネジメントすることは通常は不可能です。彼らの主張も実は，最後の瞬間を作り出すために，組織をどのように変革しなければいけないかを論じていたのであり，事前の長期的な組織化過程の重要性を主張していたと考えることができます。

3-1-2　相互作用過程

　ノーマンも「真実の瞬間」について説明していますが，むしろサービス提供者と顧客の相互作用過程における感情の高揚感の重要性を指摘しています。サービスの生産過程を実際に作り上げるのは従業員の技能とモチベーション，

それらに加えて顧客の期待と行動であると述べています。ノーマンの指摘は生産の準備過程や相互過程の重要性とサービス交換の瞬間性を否定していると解釈することができます。

3-2 医療サービスの交換

3-2-1 継続性・反復性・長期性──同時性・即時性の否定

　最近の医療社会学はパーソンズの病人役割の例外を説明しています。病人役割モデルはその前提に病気は一時的状態であるという仮説に基づいていますが，完全な回復が不可能な場合，慢性疾患で不完全ながらも役割遂行ができる場合などもあると指摘します。医療サービスでは高橋（1997）や島津（2005）も指摘するように，サービス提供の継続性・長期性という特性もあり，またサービスの消費も瞬間的ではなく長期にわたりまた反復継続を必要とします[12]。的場智子は慢性疾患や高齢者の増加により「病気と共に生きる」という消費の変化を指摘しています[13]。

　また医療社会学では，患者さんが社会的役割を取得して「完全な患者」となっていくサービス消費過程を描き出しています。パーソンズは病気をひとが患者役割を取得する過程だと説明しましたが，役割取得には学習過程がありそうです。さらに，医療福祉サービスの効用や満足は「事後効」と「満足の記憶」としてその後長期的に消費されるでしょう。同様に，経営コンサルタントの戦略提案や大学教育の効用は事後に長期にわたって消費し続けられます。すなわちサービスの効用や満足は購入の時点で発生するだけではないのです。

3-2-2 交換の当事者──統制と対抗関係

　医療福祉サービスの交換において，当事者である医師─患者関係は医療社会学が統制から相互作用へと変化していくと説明しています。パーソンズは，医療サービスの交換を合意による社会的統制という視点で捉えました。フリードソンは，社会的統制は合意によるものではなく医療専門職による支配だと批判

し，患者も消費者志向の興隆とともに情報を集め賢くなって専門職の統制や自律性に挑戦してくると主張しました。

欧米の医療政策研究にも医療における主導権が，専門職から管理者へ，そして管理者から患者へという三者の対抗関係とその変化で説明する構築主義的分析があります。

3-2-3　長期的相互作用過程とコミュニケーション

医療福祉サービスでは提供・消費期間も一過性の短期的なものだけではなく，長期的・反復的・継続的サービスも少なくありません。その場合には，顧客の参加度合いも必然的に高くなり，双方のコミュニケーション能力が必要となってきます。マーケティング研究でも，サービスの提供者と消費者の長期的関係が重要だとして，「関係性マーケティング」の必要性を強調するようになりました。

サービス提供者と利用者との相互作用過程の中心となるのはコミュニケーションですが，島津（2005）は医療福祉サービスの交換の場面では対話型コミュニケーションが必要だと主張しています。そして対話型コミュニケーションには新たな「しどろもどろの関係」が必要ではないかと指摘しました。

3-2-4　交換の瞬間の重要性――真の意味

サービスの交換の瞬間が重要だと主張された真の意味は，サービス提供者にとっても，サービス利用者にとっても，交換に至るまでの過程が長期にわたりしかも重要な意味を持っていたために，それらを無駄にしないでほしいという切実な願いが込められていたのです。しかも交換の瞬間だけをマネジメントするのは不可能に近いでしょう。

以上の分析を踏まえて医療サービスの交換過程を図示すれば，図3-2のように表せます。

図3-2 医療サービスの交換過程（生産と消費の長期的過程）

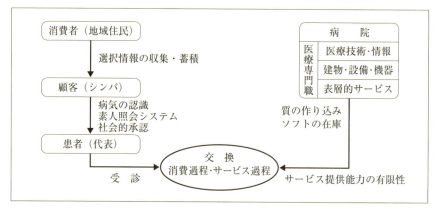

出典：中島（1993，1994）を一部修正

3-3 慢性期医療，高齢者ケア，福祉サービスにおける交換

　ここまでは，急性期医療を中心にサービスの交換過程を検討してきましたが，他の医療福祉サービスにも展開して考えてみましょう。
(1) 需要・購入・消費過程
　① 高齢者サービスでは必然性が高いことから，本人や家族は事前に多くの情報を得る努力をしていると考えられます。
　② 高齢者ケアや福祉サービスでは消費者もサービスの評価がある程度可能になります。
　③ 福祉サービスでは施設の選択可能性は低いでしょう。
　④ 高齢者や福祉サービスでは購入決定者が本人ではなく，保護者や介護者である可能性が高いでしょう。
　⑤ 慢性疾患，高齢者ケア，福祉サービスなどでは需要過程だけではなく，消費過程も長期にわたります。
(2) 生産・販売・提供過程
　⑥ サービスの生産は，準専門的能力の蓄積であるため急性期医療ほど長期

的過程ではないでしょう。
⑦ サービス提供者よりも組織に知的・技術的ソフトの在庫が蓄積されます。
⑧ 提供過程も急性期医療よりも長期にわたります。

　以上で医療福祉サービスにおける需要過程，生産過程，交換に関する分析を終えることができました。「病気になったらどうしよう‥‥」と不安を抱えながら，医療情報や病院情報を集めている人々がいて，その中から医療が必要になった人々が，社会的な承認を得て患者さんとして来院します。一方の病院では，医療サービスのレベルを高め良い医療サービスを提供できるようにと，長期にわたる研鑽をしてきた医療専門職の人々がいます。いよいよ病院という舞台上で彼らが遭遇し，医療福祉経営のドラマが展開することになります。彼らはこれから舞台上でどんな「ドラマ作り」をしていくのでしょうか？　第Ⅱ部ではドラマの舞台における主役や脇役，舞台装置を動かしている人々など，サービス提供側のひとや組織に関して検討します。

(注)
1) T.パーソンズ（1951）佐藤勉訳『社会体系論』青木書店，1974年，429-434頁。
2) E.フリードソン（1970）進藤雄三・宝月誠訳『医療と専門家支配』恒星社厚生閣，1992年，3-15頁。
3) Suchiman, E., "Stages of Illness and Medical Care," *Journal of Health and Human Behavior*, vol.6, 1966, pp.114-128.
4) 西村周三『医療の経済分析』東洋経済新報社，1987年，26-33頁。
5) P.コトラー（1994）小坂恕他訳『マーケティング・マネジメント（第7版）』プレジデント社，1996年，414-415頁。
6) 野村清（田中滋監修）『サービス産業の発想と戦略』電通，1983年。羽田昇史『サービス経済論入門（改訂版）』同文舘，1993年。
7) Levitt, T., "The Industrialization of Services," *Harvard Buisiness Review*, Sep.-Oct., 1976.
8) J.L.ヘスケット（1986）山本昭二訳『サービス経済下のマネジメント』千倉書房，1992年，48-81頁。
9) R.ノーマン（1991）近藤隆雄訳『サービス・マネジメント』NTT出版，1993年，82-86頁。
10) 嶋口充輝『顧客満足型マーケティングの構図』有斐閣，1994年，95-100頁。

11) K.アルブレヒト・R.ゼンケ（1985）野田一夫監訳『サービスマネジメント革命』HBJ出版局，1988年，27-43頁。J.カールソン（1987）堤猶二訳『真実の瞬間』ダイヤモンド社，1990年，3-10頁。R.ノーマン（1991）近藤隆雄訳『サービス・マネジメント』NTT出版，1993年，82-86頁。
12) 高橋淑郎『変革期の病院経営―医療サービスの質の向上をめざして』中央経済社，1997年。島津望『医療の質と満足―サービス・マーケティング・アプローチ』千倉書房，2005年。
13) 的場智子「病者と患者」進藤雄三・黒田浩一郎編『医療社会学を学ぶ人のために』世界思想社，1999年，22-39頁。

第Ⅱ部
医療福祉組織のマネジメント

第Ⅱ部では医療福祉サービスを提供している人や組織のマネジメントについて考えます。第Ⅰ部で医療福祉サービスが専門的サービスであることを強調しましたが，専門的サービスを提供するのは専門職と専門職組織です。そこで第4章で医療福祉専門職の特性について分析します。続いて第5章で医療福祉組織について検討し，その上で第6章で医療福祉組織における人や組織のマネジメントについて考えます。

第4章
医療福祉専門職

　本章では，まず専門職一般の特性について考え，それらの特性が医療福祉専門職についても当てはまるかどうかを検討します。続いて医療福祉専門職の社会構造や職務内容について明らかにし，最後に医療福祉専門職のモチベーションについて検討します。

1 専門職の特性

1-1 専門職の特性

1-1-1 専門職に関する先行研究

　弁護士・医師などの伝統的専門職を分析したカーソンダース・ウィルソンは，専門職の要件として①長期の教育訓練によって得られる専門的知識，②能力評価や倫理規範を維持するための職業団体，③責任感，④報酬制度などをあげています[1]。ヴォルマーらはどんな職業でも専門職化の要素を持っているとして専門職化の「度合いdegree」という概念を提示しました[2]。エリオットは専門職化の過程を分析し専門的知識や倫理規範に加えて職業団体の存在と独占的権限をあげています[3]。ホールは専門職の自律性に着目し専門職化の度合いを測定しました[4]。フリードソンは専門職の特性のほとんどは自律性の帰結かあるいは自律性を認めさせるための条件だとして，①法的な特権的地位，②公式な教育，③専門職業団体をあげています[5]。ベックマンは仕事を自律性と公式訓練の程度から4つのタイプに分類し，①高度の自律性と②公式な訓練を要件とするのが専門職の仕事であると定義しています[6]。また日本の専門職についても多くの研究があります。

1-1-2 専門職の特性と定義

これら多くの専門職研究を踏まえて本書では専門職の特性を，①自律性，②長期の公式教育に基づく専門性，③仕事へのコミットメント，④職業団体の存在，の四つに整理します。自律性と専門性は職務特性であり本質的特性です。コミットメントは行動特性であり，職業団体は社会的特性であるためともに副次的特性と考えられます。

(1) 自律性 autonomy

第一の特性である「自律性」は仕事の内容や進め方だけに限らず，教育・訓練制度，資格制度や職能団体の自律性など全てに関わっています。また完全専門職と準専門職を区分するための基準でもあります。専門職が完全な自律性を獲得するまでにはいくつかの段階を経ていくと考えられ，専門職内部でもさらに専門・分化していくと考えられます。仕事の自律性を担保しているのは長期の公式訓練と職業団体の存在です。

(2) 高度の公式教育に基づく専門性

第二の特性である長期的教育訓練によって得られる高度な専門性の内容は科学的根拠に裏付けられた体系的理論が前提となります。教育内容やカリキュラム，実地訓練，資格制度などが公式に制度化されています。

以上から専門職の本質的特性は職務特性の2軸による連続面上で図4-1のように位置づけられます。図4-1の右辺上部の影の濃い部分すなわち自律性が高く，高度な公式教育による専門性の高い部分に相当します。その境界は明確でないためグラデーションがかかっています。矢印は専門職化の方向を示しています。

(3) 仕事へのコミットメント

第三にあげた副次的特性としての「仕事へのコミットメント」は，専門職が仕事それ自体のために働くという「内発的動機付け」や奉仕の精神を持っていることなど個人の行動特性や心理特性です。モチベーションとも関わってきます。

図4-1　専門職の本質的特性

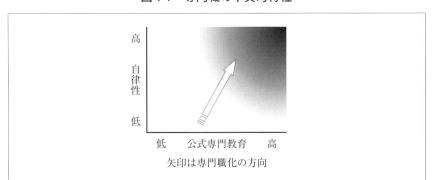

出典：中島（2007）

(4) 職業団体の存在

第四にあげた副次的特性としての「職業団体の存在」は，専門職が所属組織よりも組織外部の職能団体や専門職社会に準拠しており，専門職の独占的地位を維持しているのが職業団体であるという社会的側面からの特性です。伝統的専門職はもともと独立自営だったため経済的自立性を維持するためにも重要でした。

以上の専門職の特性のうち本質的特性である職務特性から専門職の定義も導き出されます。「専門職とは，仕事内容・教育・資格制度などで広範な自律性を持ち，高度な公式教育にもとづく専門性が高い職業に就く人である。」

1-1-3　自律性の差による専門職の分類

専門職は自律性の度合いにより，完全専門職 full profession，準専門職 semi-profession，補助専門職 para-profession に分類されます。完全専門職は専門職として中心的役割を果たし他の専門職種を支配します。準専門職は自律性や専門性などがやや欠けており，補助専門職は専門職の増大した職務を補助し専門職に統制される職種です。これらの区分の基準は自律性ですが，その境界は必ずしも明確ではありません。

1-1-4　専門教育―「専門職アイデンティティ」と社会化

専門職は「職業アイデンティティ occupational identity」を共有すると言われています。職業アイデンティティは職業人としての社会化過程から生まれる職業的同一性ですが，その中でも専門職に関しては「専門職アイデンティティ professional identity」と呼んで区別されます。専門職は社会との関わりの中で専門職としてのアイデンティティを持ち，そのアイデンティティに基づき専門職社会を形成します。専門職は社会化の過程を経て専門職社会への参加を認められていくのです。

1-2　専門職化

1-2-1　専門職化の過程

エリオット（1972）は産業革命を背景に伝統的専門職から職業的専門職に移行したと説明しています。専門職化の過程を多くの先行研究が取り上げていますが，要件として職業団体の存在，専門教育制度，資格制度などが不可欠であることがわかります。

1-2-2　職業団体の存在

フリードソン（1970）は，専門職が社会的・経済的地位を確立するために，職業団体としてメンバーを組織化し，訓練し，職業倫理を確立し，国家と交渉することによってその支持を調達したと説明します。一方日本では国家による保護政策として国家資格が制度化されたために専門職としての職業観や自律性に欠けるとの指摘もあります。

1-2-3　国家資格の成立

専門職は職業団体を通じて教育制度，試験制度の確立により独自の資格制度を制定します。資格取得者の増加に伴い業務独占を主張し国家資格制度としての承認を得るのです。経済学的には国家資格制度はサービスの質と量のコント

ロールを可能にすると説明しています。

1-3　組織内専門職の増加

1-3-1　組織内専門職増加の背景
　現代では知識や技術の進歩，専門分化，専門領域の拡大などから大規模組織では専門家を雇用するようになります。独立自営だった伝統的専門職から組織に雇用される専門職への移行が加速してきます。また弁護士や公認会計士の事務所でも共同化，専門分化，巨大化が見られ，病院においても大規模化が進み，組織内専門職が増加します。

1-3-2　組織内専門職の課題
　組織の大規模化に伴い官僚制組織が必要となりますが，専門職の共同化した組織や大規模専門職組織では官僚制的ピラミッド型組織にはなりません。業務が専門分化し仕事の自律性が認められるためフラットな組織構造となります。組織内専門職の増加による官僚制の導入は専門職の自律性とのコンフリクトを生み出すことになります。

2　医療福祉専門職の特性

2-1　医療福祉専門職の特性

2-1-1　医療福祉専門職に関する先行研究
　パーソンズは，医療専門職を社会的逸脱者である病人を社会へ更生復帰させる公平無私の社会統制者として描き出し，利潤動機の優先する社会で利他主義の規範や集合体志向の体現者だと説明します[7]。しかしフリードソンは，医師が企業家的精神や個人主義的思考も持ち，他の医療専門職業群を統制下に置くと指摘し，医療組織内部の「専門職支配professional dominance」の構造を明

らかにしました[8]。

2-1-2 医療福祉専門職の特性

では前節で検討した専門職の特性はそのまま医療福祉専門職にも当てはまるのでしょうか？

(1) 自律性

医療福祉領域では多くの専門職種が存在し，その中で完全専門職と準専門職を区分する判断基準となるのが自律性です。医師は全ての医療専門職種の教育や資格制度に関わり影響力を及ぼしています。他の医療専門職種を定める資格法には必ず医師の指示に基づいて業務を行うことが定められ，完全な自律性は医師だけにしか認められていません。

しかし医師集団内部でも完成された専門職として認められるまでには長期の「漸成過程（ぜんせいかてい）」があります。医師国家試験に合格しても直ちに完全専門職として認められるわけではなく，二年間の過酷な臨床研修があり，さらに専門医として認められるためには長期の実地訓練を積む必要があります。

以上から自律性は他の医療関連の準専門職種との区分の指標として重要であること，自律性を巡って専門職種間の対抗関係を生み出すこと，専門職種内部でも専門能力による階層内序列や「漸成過程」があることを追加します。

(2) 高度な公式教育に基づく専門性

医療における専門職種の資格はほとんどが国家資格とされており，受験資格には指定学校で定められたカリキュラムを履修することが条件となっています。医師には6年間の大学教育と国家試験合格後に2年間の臨床研修が義務づけられています。薬剤師も6年間の大学教育が，看護師その他の専門職種についても最低3年間の専門教育が課せられています。医療専門職種では臨床教育が重視されるのも特徴です。教育課程に臨床実習が組み込まれており，卒後もOJTで学んでいくことになります。医療に関わる教育の内容は普遍的で他の病院に移動しても通用するためいわば自分のための勉強ということになります。

公式教育にもとづく専門性に関しては，学校教育の完全な制度化と臨床実習が含まれること及び卒後も専門職指導者の下で長期の臨床経験が必要であることを追加します。

(3) 仕事へのコミットメント

医療専門職は，現場で救急患者さんがいれば放ってはおけないでしょうし，また正当な理由のない限り断ることができないという応召義務（おうしょうぎむ）が法律で定められています。コミットメントの背景には医師としての倫理観や利他主義があります。医師の出身家庭は親が医師であるものも多く，幼少の頃から医師を目指すための社会化が家庭内で行われていると言われます。看護師や薬剤師の家庭でも同様の例が多いでしょう。

仕事へのコミットメントに関しては個人の行動特性としてだけでなく，家族や専門教育を通して長期的に社会化された結果であること，法律上も義務づけられていることを追加します。

(4) 職業団体の存在—準拠集団としての複数の専門職社会の存在

医師に関しては，現在では職業団体である医師会よりも出身大学医局や専門医学会の方が重要なので，「準拠集団としての複数の専門職社会の存在」に修正します。病院に勤務する医師は医師会に入会していない場合もあります。大学医局や学会が身分保障や専門医教育など質の向上の担保となっています。準専門職の場合には病院勤務者がほとんどで職業団体への加入率も高くはありません。

2-1-3　医療福祉専門職種の分類

医療福祉領域には多くの専門職種が存在するので，完全専門職・準専門職・補助専門職として区分しておくことが分析上必要です。完全専門職は高度な専門教育を受けた上で完全な自律性を認められているのに対し，準専門職は専門教育は受けているものの限定された自律性しか認められていません。医療福祉領域で多くの準専門職種が誕生するのは生命科学の発展，医療組織の大規模化や保険医療の量的拡大などがその背景にあります。また慢性期医療や福祉領域

では看護や介護の専門職に依存することが多くなっています。

　しかし急性期医療の現場では治療が主目的であるため医師が唯一の完全専門職として位置づけられ、患者さん毎に主治医である医師が全責任を持つ体制となっています。以下では医療における完全専門職・準専門職の特性についてさらに詳細に見ていきます。

2-2　完全専門職―医師の特性

2-2-1　完全専門職としての自律性―漸成過程（ぜんせいかてい）

　医師の自律性は一方で責任も伴っています。主治医は担当患者に対して治療上の全責任を負っており、医師の指示の下に業務を行った準専門職の仕事に関しても指導監督責任を問われます。

　近年は患者の権利がクローズアップされインフォームド・コンセントが普及したこと、準専門職部門の協力がなければ業務の遂行が不可能となっていること、保険医療上の規則などから医師の自律性も多くの制約を受けるようになっています。

　しかも大学医局に所属する医師は教授の指示は逆らえないことも指摘されているほか、研修医や修練中の医師の場合には指導医のアドバイスに従わざるを得ないことなど、専門職ヒエラルキーの統制下で苦悩する「弱い専門職」像が浮かび上がってきています。

　医師の自律性の漸成過程として、例えば外科医であれば手術助手　→　副執刀医　→　主執刀医へと段階的に自律性が認められていきます。担当する患者も軽症から重症へ、入院後期から入院前期へと変化していきます。このような漸成過程の途中では自律性は段階的制約を受けていることになります。医師の自律性は、本人の専門能力向上のための努力と同僚医師からの承認が必要であり、「漸成過程」があることを強調しておきます。

2-2-2　長期の教育・訓練によって得られる専門性―社会化過程

　医師の教育・訓練は，学校教育の年限が他の医療専門職種より長いこと，卒後の臨床研修やその後に続く専門医となるための修練も長期にわたることが特徴です。しかもその教育制度には専門的知識・技術以外に医師としての価値観，アイデンティティ，行動規範などが刷り込まれていくような儀式化された社会化過程がビルトインされています。また医師にとっては最初のキャリアである臨床研修をどこで行うかがその後の医師としてのキャリア形成に大きく影響し，どこの大学医局に入局するかもほとんど決まってしまいます。

2-2-3　仕事へのコミットメントとその背景

　医師の行動特性である仕事へのコミットメントの背景には，医師教育を通じて行われる社会化以外に出身階層も影響していると言われます。医学部への進学者の多くは上層の社会階層の出身であることや，自分しかできないという高度な専門性に支えられたエリート意識なども関係しているとの指摘もあります。

2-2-4　複数の準拠集団としての専門職社会の存在

　開業医にとって職業団体である医師会は権利擁護のために重要ですが，勤務医の場合にはそれ以上に出身大学医局や専門医学会，専門医とのネットワークなどが影響力を持っています。中でも出身大学医局は特別の意味を持っており，専門医となっていくための修練が大学医局と関連病院との系列化によって統制されています。

　専門医学会は日本医師会の下部団体である日本医学会の分科会として位置づけられています。学会は地方会や分科会を構成し専門医のコミュニティが構築されています。

　職業団体である医師会は定款上は学術団体と規定されています。勤務医の加入率が低いため開業医の団体と見られています。医療行為の業務独占は医師会にとって最も重要な課題であり，他の医療専門職種からの医療行為への参入の

試みを全力で阻止しようとします。

2-3　準専門職の特性

2-3-1　準専門職としての自律性

　医療における準専門職種は，完全専門職である医師から職務上の指示を受けること，職業教育や資格制度など全てにわたって支配下にあることが指摘されています。特に看護師については専門性や自律性以外に女性が多いこともその自立を妨げているとも言われます。しかし近年は専門教育が高度化し，専門看護師制度のように医師の診断業務や医療処置行為にまで踏み込もうとしています。また医療組織外での開業など経済的自立や高齢者市場の拡大による労働需要も準専門職の自律性を強化することになります。

2-3-2　専門職教育の高度化

　薬学，看護学，放射線診断・治療，理学療法，臨床検査などの学問領域はもともと医学追随的であると指摘されていますが，それぞれの領域で専門職教育が高度化しています。専門学校から大学教育へと進化する傾向も見られます。教育の高度化や技術の進歩は，医師の診療補助業務から一歩進んで診断・治療領域へ拡大したいという準専門職の要望につながっていきます。

2-3-3　コミットメント

　看護師の職業としてのイメージには，看護の機能的なものと母親のような自己犠牲的態度が結びついており，学校や家庭での教育で社会化が行われています。女性が圧倒的に多いため結婚・出産・育児・介護などがその制約となっています。医師，看護師，薬剤師と比べると他の医療専門職種は進路を決める時期も遅く，職業イメージも明らかでないために社会化が遅れており，仕事に対するコミットメントも相対的に低いと言われます。

2-3-4 専門職社会

準専門職は職業団体，学会，出身学校など専門職社会への準拠性が医師と比較すると低く，組織外部の専門職社会のヒエラルキーから統制を受けることはほとんどありません。しかし専門分野の進歩・高度化に伴い学会や専門職団体の統制も今後徐々に強化されていくでしょう。

2-3-5 専門職化傾向と補助専門職

準専門職は一緒に働く完全専門職をモデルとして専門職化を目指します。医師がさらにスペシャリスト化を目指すと，一般化された知識・技術が医師以外の準専門職に移転されることで，彼らも高度な診療補助者へと変化していきます。アメリカではナース・プラクティショナーやクリニカル・ナースといった専門看護師が生まれています。一方で準専門職の専門職化は補助職の補完を必要とします。看護助手，検査助手，リハビリ助手，給食婦など医療現場で準専門職の下で定型的・補助的業務を行っている職種も専門職化していきます。かつて医師の下で診療補助業務として行われていた放射線・検査・理学療法などの仕事が準専門職として制度化された歴史と同じです。

3 医療福祉専門職の社会構造

3-1 専門職種間関係―専門職支配

医療においては完全専門職，準専門職，補助専門職が協働して業務を行うことが特徴であり職種間関係が特有の問題として浮上してきます。フリードソンは専門職支配の構造を明らかにしました。しかし，フォスター・アンダーソン（1978）はナイチンゲールの時代には看護師は医師に従属するものとされていたが看護の専門職化に伴い両者は緊張関係を持つようになったと指摘します[9]。アメリカでは医師が病院に所属していないため，看護師であるマネジャーが病棟管理については全責任を負っています。

3-2 医療専門職と患者の関係──クライアント統制

さらに医療専門職とサービス利用者の関係には，クライアント統制という社会構造があります。パーソンズ（1964）は病人役割と社会統制装置としての医療専門職役割との連帯関係を提示しましたが，フリードソン（1970）は専門職と患者との関係は統制・服従関係であると指摘しています。さらにゴフマンは精神病院の事例を取り上げて，患者が個人のアイデンティティを破壊され全てを施設に統制される「全制的施設 total institution」という概念を提示しています[10]。ハウザーは，医師─患者関係に，医師の社会化過程，患者の社会的役割の学習過程のほかに，医師が上位の社会階層に所属するという面も関係があると指摘します[11]。

しかし現代のクライアント統制は，国家による医療費抑制のための規制，保険者や大規模化した医療関連産業，そして消費者である患者などから大きな挑戦を受けています。

3-3 医療福祉専門職種と職務内容

3-3-1 専門性と資格制度

欧米の先行研究では医療専門職種を自律性のレベルで分類するものが多いのですが，医療制度の違いもあるため本書では業務内容の自律性と資格制度の視点から表4-1のように5段階に分類します。①医療行為を行う医師，②独自業務と医療補助業務を行う薬剤師や看護師，③医療補助業務を行う医療技術職，④準専門職の補助業務を行う職種，⑤無資格の助手，となっています。

3-3-2 サービス過程でのコンタクト・レベル

医療福祉サービスは医療専門職と患者さんとの相対関係で成り立っているために，両者の相互作用やサービス過程が重要な意味を持っています。そこでサービス・マネジメントの視点から患者さんとのコンタクト・レベルにより表

第4章 医療福祉専門職　63

表4-1　医療専門職の専門性―自律性と資格

	職　種	業務内容	資　格
1	医師	医療行為	国家資格
2	薬剤師，看護師	独自業務＋医療補助業務	国家資格
3	放射線技師，臨床検査技師，理学療法士，作業療法士，管理栄養士，臨床工学士，言語聴覚士	医療補助業務	国家資格
4	准看護師	看護補助業務	都道府県知事免許
	介護福祉士	介護業務	国家資格（名称独占のみ）
	ヘルパー		講習事業者による認定資格
5	看護助手，検査助手，薬剤助手	医療補助業務の補助	無資格

出典：中島（1993，2007）

4-2のように4段階に区分することができます。一般に顧客に近いほど顧客のニーズや問題点を把握できると言われます。

表4-2　患者とのコンタクト・レベル

	職　種	接する内容と頻度
A	看護師，准看護師，介護福祉士，看護助手，ヘルパー	看護，生活介助など常時
B	医師，理学療法士，栄養士，ケースワーカー	診察・治療・相談時など
C	薬剤師，放射線技師，検査技師，	投薬，検査時など
D	医事，受付	案内・会計時など

出典：中島（1993，2007）を一部修正

3-3-3　専門職種群の分類

　以上の医療専門性のレベルと患者さんとのコンタクト・レベルから表4-3のような専門職種の類型化が可能となります。組織内で集団としてのパワーを持つのは表の網掛けで示した専門性の高い集団（1から3までの行）と患者さんとのコンタクト・レベルの高い人々（AからCまでの列）ということになります。

表4-3 専門性とコンタクト・レベルによるマトリクス

		A	B	C	D	E
高	1		医師			
医療レベル	2	看護師		薬剤師		
	3		理学療法士 作業療法士 管理栄養士	放射線技師 臨床検査技師		
	4	准看護師 介護福祉士	MSW		医事	
	5	看護助手 ヘルパー		検査助手		施設・用度総務
低	6				受付	人事・経理
		高		患者との接触度		低

出典：中島（1993, 2007）

4 医療福祉専門職のモチベーション

　ここではモチベーションに関する先行研究を概観した上で，医療専門職のモチベーションの充足要因，医療専門職モデルやモチベーションの阻害要因などを検討します。

4-1 モチベーションに関する先行研究

　メイヨーは労働環境よりも職場の人間関係がモチベーションに影響を与える[12)]ことを，ハーズバーグはモチベーションに「動機付け要因」と「衛生要因」があることを明らかにしました[13)]。マズローは，欲求には階層があるとして低次欲求が満たされて初めて高次の欲求が生まれると主張しました[14)]。マグレガーは，人には成長し発展する可能性があることを前提としたマネジメントが必要だとして「Y理論」を提唱しました[15)]。デシは，人は生まれながらに探求心や挑戦意欲などがあるとして「内発的に動機づけられる」傾向があるとしています[16)]。これらの理論は人の能力成長をモチベーションの前提と

するアプローチです。ところが日本型組織では組織との一体感や共同体意識等組織との関係もモチベーションの重要な要素だと言われています。

4-2 専門職のモチベーションに関する先行研究

　専門職のモチベーションに関する研究は多くが非専門職組織における専門職を扱ったもので，組織外部の専門職社会との関係を重視するものでした。グールドナーはコスモポリタンとローカルという概念を使い専門職の組織に対する態度がコスモポリタンであることを明らかにしました[17]。コーンハウザーは企業内科学者の主な関心は基礎科学と専門職社会の評価にあり，技術者は研究成果の応用と組織内での昇進にあるとして専門職と技術職の違いを浮き彫りにしています[18]。

　太田肇は，専門職は所属組織と専門職社会に対する欲求が異なるダブル・スタンダードだと言い，組織外部の専門職社会には高次欲求を求め最大限に努力するのに対し，所属組織には低次欲求を求め必要かつ充分な程度で貢献すると指摘しています[19]。

　では専門職組織における専門職のモチベーションはどうなのでしょうか？医療組織は組織全体が専門職種の集団から成り，組織内部には専門職部門（ミニ専門職社会）が存在しています。彼らは専門職アイデンティティを共有しており，外部専門職社会の準拠基準がそのまま投影されています。だとすれば専門職組織における専門職のモチベーション要因はダブル・スタンダードではありえません。専門職組織では成員が持つモチベーションは組織内外に共通の専門職アイデンティティに基づくもので，組織アイデンティティに基づくものではないのです。

4-3 医療福祉専門職のモチベーション

　医療専門職のモチベーションは，組織外部の専門職社会，組織内専門職部

門（ミニ専門職社会），企業体組織と専門職個人という多元的関係として分析する必要があります。しかも医療専門職の場合には複数の準拠すべき専門職社会があり，クライアントとも接触します。そこで医療専門職のモチベーションを考える場合には，組織の側からではなく専門職個人の側から多様な関係を見ていくことが必要です。

　医療専門職の欲求充足要因には，所属組織から得られる賃金，ポスト，仕事の機会や承認などのほかに，専門職社会からの評価，地域社会からの承認など多様な外的報酬が認められます。これらを，非専門職組織における非専門職の欲求充足要因（表4-4），非専門職組織における専門職の欲求充足要因（表4-5），医療福祉組織における専門職の欲求充足要因（表4-6）として比較します。

　医療福祉専門職が勤務する組織に期待できる衛生要因としての低次欲求には賃金や勤務条件があります。一方高次欲求充足のために組織や専門職部門に期待できる支持要因としては，能力成長のための環境条件の整備，キャリア開発制度やポストに伴う権限などがあります。しかしこれらの要因は医療供給規制や医療費抑制政策の下で縮小しつつあります。高次欲求充足のための直接要因は医療専門職としての承認や賞賛を受けることにつきます。そしてこのような承認は今後の厳しい経営環境の中でも継続可能と考えられます。

　医療専門職にとってみれば，組織は医療専門職のために成長の機会を提供しているだけなのです。そして医療専門職には，図4-2で示すように，能力成長を刺激する多様な要因があることも明らかとなります。

4-4　モチベーションの阻害要因

　医療専門職を刺激する多くのモチベーション要因にも関わらず，モチベーション阻害要因の存在も指摘されています。従来のモチベーション阻害要因に関する研究は組織や仕事への適応プロセスに着目していました。最初に組織への適応阻害が出現し，その後仕事への適応阻害が現れるというものです。しか

表4-4　非専門職組織における非専門職の欲求充足要因

	所属組織
高次欲求（直接要因）	◎
低次欲求（衛生要因）	○

◎は大いに満たされる，○はほぼ満たされる．
出典：中島（2007）

表4-5　非専門職組織における専門職の欲求充足要因

		所属組織	専門職社会
高次欲求	直接要因	△	◎
	支持要因	○	
低次欲求（衛生要因）		○	

◎は大いに満たされる，○はほぼ満たされる，△はやや満たされない．
非専門職組織では専門職は外部専門職社会を準拠集団としている．
出典：中島（2007）

表4-6　医療福祉組織における専門職の欲求充足要因

		所属組織		組織外部	
		管理組織	専門職部門	専門職社会	地域社会
高次欲求	直接要因	△	○	◎	○
	支持要因	○	△	△	
低次欲求（衛生要因）		○			

◎は大いに満たされる，○はほぼ満たされる，△はやや満たされない．
医療福祉組織では外部の専門職社会以外に組織内部にもミニ専門職社会が存在する．地域社会（専門職・患者さん）からの承認もある．
出典：中島（2007）

し医療専門職の場合には阻害要因の発生順序も異なり，また阻害要因の内容にも特性が認められます．

　医療専門職は専門教育の段階で専門職社会への適応（社会化）が進んでおり，むしろ専門職務への適応が問題となります．専門教育を終えたばかりでは最先端の医療や高密度の労働と責任の重さに直面すると大きな不安に襲われます．組織に対するリアリティ・ショックrealty shockではなく職務に対するリアリティ・ショックが発生するのです．組織からは自立した存在で帰属意識も

図4-2 医療専門職のモチベーションを刺激する多様な要因

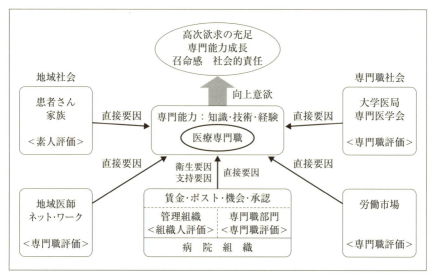

出典:中島(1993, 2007)

薄いと言えます。

また医療専門職に特有のモチベーション阻害要因として「燃え尽き症候群(バーン・アウト burn out)」があります。長年困難な仕事に従事した結果として陥る極度の心身の疲労と感情の枯渇を主訴とする症候群です。これらのモチベーション枯渇要因に対する組織のマネジメントについては第6章でさらに検討することにします。

(注)
1) Carr-Saunders, A.M. and P.A. Wilson, *The Professions*, Oxford Univ. Press, 1933, pp.7-58, pp.65-106 and pp.289-318.
2) Vollmer, H.M. and D.L. Mills(ed.), *Professionalization*, Prentice-Hall, 1966, pp.1-2.
3) Elliot, P., *The Sociology of the Professions*, Macmillam, 1972, pp.1-13.
4) Hall, R.H., *Occupations and The Social Structure*, 2nd ed., Prentice-Hall, 1975, pp.69-135 and 239-280.
5) E.フリードソン(1970)進藤雄三・宝月誠訳『医療と専門家支配』恒星社厚生閣.

1992年，124-126頁。
6) Beckman, S., "Professionalization: Borderline Authority and Autonomy in Work," in Burrage, M. and R. Torstendahl ed., *Professions In Theory and History: Rethinking the Study of the Profession*s, SAGE Publications, 1990.
7) T.パーソンズ（1964）武田良三監訳『社会構造とパーソナリティ』新泉社，1985年，429-450頁。
8) E.フリードソン（1970）進藤雄三・宝月誠訳，前掲書，恒星社厚生閣，1992年，124-126頁。
9) G.M.フォスター・B.G.アンダーソン（1978）中川米造監訳『医療人類学』リブロポート，1987年，209-221頁。
10) E.ゴフマン（1984）石黒毅訳『アサイラム―施設被収容者の日常世界』誠信書房1984年，3-76頁。
11) S.T.ハウザー「医師―患者関係」E.G.ミシュラー他著（1981）尾崎新・三宅由子・丸井英二訳『医学モデルを超えて―医療へのメッセージ』星和書店，1988年，151-206頁。
12) E.メイヨー（1946）村本栄一訳『産業文明における人間問題』日本能率協会，1951年，79-102頁。
13) F.ハーズバーグ（1871）北野利信訳『仕事と人間性』東洋経済新報社，1968年，83-106頁。サービスで検討した表層的サービスにも共通するものです。
14) A.H.マズロー（1954）小口忠彦訳『改訂新版　人間性の心理学』産能大学出版部，1987年，221-272頁。
15) D.マグレガー（1960）高橋達男訳『企業の人間的側面（新版）』産能大学出版部，1966年，52-66頁，69頁。
16) E.L.デシ（1975）安藤延男・石田梅男訳『内発的動機づけ―実験社会心理学的アプローチ』誠信書房，1980年，25-70頁。
17) Gouldner, A.W., "Cosmopolitans and Locals: Toward an Analysis of Latent Social Roles," *Administrative Science Quarterly*, 1957, pp.281-306, and 1958, pp.444-480.
18) W.コーンハウザー（1962）三木信一訳『産業における科学技術者』ダイヤモンド社，1964年，117-155頁。
19) 太田肇『プロフェッショナルと組織―組織と個人の「間接的統合」』1993年，145-161頁。

第5章
医療福祉組織

　本章では，医療福祉サービスを提供している医療福祉組織についての検討を行います。まず医療福祉組織の特性を分析したうえで，専門職と専門職組織の関係を明らかにし，典型的な専門職組織としての病院の社会構造や権限関係について検討します。最後に医療福祉組織の成長と変化といったダイナミクスについて明らかにします。ここでは医療福祉組織の中でも大規模急性期病院に焦点を当てて検討を行います。

1　医療福祉組織の特性

　まず組織論研究の動向を振り返り組織をどのような視点で見ていくのかを検討し，組織の類型化を行います。その上で医療福祉組織の特性を整理し，3つの特性にまとめます。

1-1　組織とは

1-1-1　先行研究に見る組織の分析方法

　組織論研究の多くは組織の権限構造を明らかにしようとするものでした。ウェーバー（1925）の官僚制組織の分析，メイヨーら（1946）のインフォーマル組織の検討，パーソンズ（1970）の専門職権限と官僚制的管理権限との二重権限構造の検討，リプスキー（1980）の「ストリート・レベルの官僚制」などがあります。また組織の社会構造や関係性を分析するエツイオーニ（1967）やフリードソン（1970）のアプローチや，サイモン（1945），マーチ・オルセン（1976）らのように意思決定過程としてとらえるアプローチもあります。

また組織の構造変化や環境との動態的相互関係を分析するアプローチなどもありました。

1-1-2　組織の要素と医療福祉組織

バーナードは組織の要素として，①共通の目標，②協働への意欲，③コミュニケーションの3つ[1]を上げましたが，医療福祉組織では必ずしも当てはまりません。組織の目標は多目的であり，組織目標がトップダウンで個人目標を規定することは少ないと思われます。協働も助け合うような互助的協働ではなく，それぞれの専門職が自分の役割を完遂することで成り立っています。しかも組織内のコミュニケーションはそれぞれの専門職種部門が独立した構造となっているため困難を伴います。

1-2　組織の類型と医療福祉組織

1-2-1　組織成員の服従関係

エツイオーニは組織成員の服従関係に着目し，①強制力によって服従する強制的組織，②報酬によって服従する功利的組織，③規範的価値によって服従する規範的組織に分類しました[2]。専門職組織は主として規範的服従を利用しながら副次的に功利的服従関係を利用していると言われます。

1-2-2　専門職と組織の関係

エツイオーニは専門職と組織の関係を，①専門職組織，②専門職のためのサービス組織，③非専門職組織に類型化しています[3]。医療福祉組織は，専門職組織が中心であり，専門職のためのサービス組織や非専門職組織も含まれています。

1-2-3　専門職組織の分類

スコットは専門職組織を，①診療所や中小病院のような専門職が組織の代表

者となる自律的専門職組織,②大規模病院のような専門職混在組織,③部門としての専門職組織,に類型化しています[4]。

1-3　医療福祉組織の特性

医療福祉組織はひと言で言えば「多様な医療福祉専門職からなる組織」です。先行研究を踏まえて医療福祉組織の多くの特性を4つの視点から整理してみます。

1-3-1　医療福祉サービスの特性に起因する特性

① 多様な専門職からなる組織

医療福祉サービスが専門的サービスであるために組織も専門職組織となります。特徴的なのは医療サービスの内容が専門分化したため多様な医療専門職種が存在し,しかも組織内部に完全専門職組織,準専門職組織,補助専門職組織などを内包することです。

② 公共性・非営利性

医療福祉サービスの特性である必需性・重大性のために医療福祉組織は公共性・非営利性という性格を持ちます。クライアントの信頼を得るために非営利性が重要だとも言えます。

③ ヒューマン・サービス組織

医療福祉サービスは人に対するサービスであるために組織はヒューマン・サービス組織と呼ばれます[5]。患者さんの個別ニーズに対応するために環境適応的なオープン・システムとなり,ルース・カップリング的柔構造だとも言われます。

④ 多様性

医療福祉サービスの多様化に伴い組織も多様化します。高機能病院,急性期病院,慢性期病院,高齢者介護施設,在宅サービスなど機能も特化していきます。

⑤ ネットワーク組織

医療福祉サービスは専門分化し，いまや一つの施設だけで全てのサービスを提供することは困難となって，組織間で連携し機能分担するネットワーク組織となります。

1-3-2　医療福祉専門職の組織化に関わる特性

⑥ 規範的組織

エツイオーニが指摘したように医療福祉組織は規範的組織です。

⑦ 多目的組織

医療福祉組織は自律した医療専門職からなるため多目的組織となります。医療専門職は個人の目標を持っており，専門職種部門もそれぞれ異なる目標を持っています。その結果，全体目標はその集合体であり抽象的にならざるを得ません。目標に関してはさらに第6章で改めて取り上げます。

⑧ オープン組織

医療専門職は所属組織よりも組織外部の大学医局，専門医学会などを準拠集団としている「コスモポリタン」です。労働力の流動性もあり境界のあいまいな組織となります。

⑨ 職種別部門組織

組織構造は職種別部門組織が基本となっています。それぞれに専門分化した医療専門職種からなる職種別の集団で構成され，採用や人事も全て職種別となっています。

⑩ 多元的権限関係

医療組織の権限関係は，医療専門職権限，経営管理権限が錯綜する多元的権限関係となっています。しかも医療専門職権限がパワーを持っています。

⑪ 専門職組織内部における専門職支配と能力階層性

専門職組織内部には専門職支配の構造があり，完全専門職・準専門職・補助専門職・非専門職という階層構造となっています。しかも専門職種内部にも能力による階層内序列が存在します。

⑫ クライアント統制

ゴフマンの「全制的組織」に見られるように，医療専門職と患者さんの関係は規範や統制を伴いクライアント統制と呼ばれています。

1-3-3　産業組織としての特性

⑬ 中小規模

医療福祉組織は一般に規模も小さいため，医療政策は産業保護・育成政策でもありました。

⑭ 女性労働

組織内の準専門職には女子労働者が多く，結婚，出産，育児，介護など女性労働特有の組織問題が発生します。

1-3-4　外部環境に関わる特性

⑮ 制度に規制される組織

医療福祉組織は医療福祉制度の規制の中で成り立っています。サービスが国民にとって重要であるため社会的規制の対象となるのはもちろんですが，財源が社会保障制度に依存しているための規制もあります。

⑯ 環境変化に適応する組織

医療福祉組織は，医学や医療の進歩に適応しなければならないのと同時に社会保障政策の変化にも適応できなければなりません。

1-3-5　医療福祉組織の特性（まとめ）

以上の医療福祉組織の特性で，他のサービス組織や専門職組織と大きく異なるものを以下の3つにまとめることができます。

(1) 多様な医療専門職からなる組織

⑤ネットワーク組織，⑦多目的組織，⑧オープン組織，⑨職種別部門組織などは全て①多様な専門職からなる組織であることと関連しています。

(2) 完全専門職を頂点とする階層構造

⑩多元的権限関係,⑪専門職組織内部における専門職支配と能力階層性,⑫クライアント統制などが関連しています。

(3) 公共サービスを提供する組織

②公共性・非営利性,⑥規範的組織,⑮制度に規制される組織などが関連しています。

2 専門職組織としての病院

2-1 専門職と組織の関係

個と組織の関係は,①非専門職と非専門職組織,②専門職と非専門職組織,③専門職と専門職組織,④非専門職と専門職組織,という四つのタイプに分けられます。

2-1-1 非専門職と非専門職組織の関係

非専門職と非専門職組織の関係は,従来の経営学が対象としてきた一般企業と従業員というモデルです。テイラー,ウェーバー,バーナードなどでは「個が組織に従属する関係」という一方的依存関係として捉えられていました。これに対しマズロー,マグレガー,デシ,シャインらでは「組織内で成長する個」を捉えており,個と組織との関係は相互依存関係と言えます。

個と組織の新しい関係として自立した関係を検討したのは,グールドナーのコスモポリタン[6]やドラッカーの自己管理する管理者像です。西田耕三の「仕事専門家」[7],太田肇の「仕事人」[8]なども組織と対等な「自立した関係」を持つモデルです。これらは個の専門職化につながり,専門職と非専門職組織の関係に似てきます。

2-1-2　専門職と非専門職組織の関係

　非専門職組織の主目的は非専門的商品やサービスを提供するものですが，現代では組織の巨大化，専門・高度化に伴い組織内に専門職を抱えるようになってきています。専門職はスタッフとしてライン組織（官僚制組織）をサポートする機能を持っていますが，「専門職と官僚制権限の対抗関係」が発生すると言われてきました。

　しかしグールドナーは，官僚制のもとでは規則を遵守していればかえって専門職の自律性が保障されると主張し[9]，コーンハウザーは専門職管理者の役割により調整可能であると説明しました[10]。これらは「専門職と組織の相互依存関係」ということになります。

　太田（1993）は，専門職は外部専門職社会とは最適基準で，所属組織とは満足基準でつきあいバランスを取っている「対等な協調関係」だと主張しました。現代の組織では専門職の増加とともに専門職部門が独立する傾向もあります。専門職部門は組織外部の専門職社会と準拠基準を同じくする「ミニ専門職社会」と言えます。専門職と非専門職組織内の専門職部門の関係は，専門職と専門職組織の関係に似てきます。

2-1-3　専門職と専門職組織の関係

　専門職組織は専門的サービスを提供するため専門職が主流で，組織との関係は「対等で支持的な関係」であると言われています。弁護士事務所，会計士事務所，病院など現代の専門職組織は大規模化し，専門職組織自体の官僚制化が必要となってきます。専門職組織内部の専門職権限と官僚制的管理権限との対立，専門職権限同士の対立など新たな問題が出現してきます。

　そのため調整役としての「専門職管理者の役割」がきわめて重要となります。専門職の中にも，企業家的精神を持つ者，経験や年齢とともに管理的能力を担える者などが現れて，専門職が組織のマネジメントを自ら行うようになります。

　専門職組織内部では専門領域と管理領域を明確に区分することによって権限

の対立を防ごうとします。また専門職が専門業務を行うために必要な支援を，組織が積極的に提供しようとする「支援的関係」も生まれてきます。

2-1-4　非専門職と専門職組織

専門職組織では専門職がコア・サービスを提供し，非専門職はそれをサポートする役割を果たします。病院の事務部門が典型ですが，非専門職はラインの補助業務またはスタッフ業務を行っています。非専門職組織における専門職の機能と全く逆になります。この組織では，非専門職も何らかの専門領域がないと専門職から対等に評価されないため，専門化を目指そうとします。非専門職部門の管理者は非専門職ですが，組織全体のトップが専門職であるために緊張関係が生まれます。

2-2　専門職組織としての病院

医療福祉組織の典型である大規模急性期病院を取り上げ，多様な専門職からなる組織としての特性をさらに詳しく見ていきます。病院組織には専門能力や経験に基づく階層が組織のあらゆる場面に存在し，患者さんを含めた階層構造をなしています。

2-2-1　医療福祉組織の社会構造

唯一の完全専門職である医師集団は診療科ごとに独立しており，管理階層はフラットです。同じ診療科の医師であれば基本的には対等で，専門職としての自律性が認められています。しかし先輩・後輩，指導者と未熟練者など能力や経験による序列あるいは階層が存在します。

完全専門職と準専門職の関係は単なる機能分担だけではなく，①支配・従属関係，②相互依存・協調関係，③対抗関係という三つのタイプがあります。かつては専門性のレベルの差，資格制度の歴史，出身階層などから支配・従属関係にあったのですが，現代では準専門職種の種類や人数の増加，業務の専門分

化・高度化によって相互依存・協調関係も生まれています。また独立部門化や医療行為への参入などは医師と準専門職種群との対抗関係に発展する場合もあります。

　準専門職種は規模拡大に伴い職種別部門組織を形成します。準専門職種は，完全専門職と比較するとやや組織志向が強いため，能力や経験で優れる同一職種が部門の管理者となって，専門能力による序列と管理階層とが併存しています。また近年の専門教育の高度化に伴い，同一職種でも専門学校，3年制短大，大卒者等が含まれています。

2-2-2　組織内権限関係

　病院組織内の権限関係は，官僚制権限と専門職権限という二重権限構造として捉えられてきました。しかし同一職種内では，ゴスの「助言官僚制」[11]，ミンツバーグの「専門職官僚制」[12] などが管理的権限だけを振り回すのではない新たな専門職部門管理者のモデルを明らかにしています。一方で準専門職種部門の管理的権限と医師の専門職権限との対立が問題視されてきました。しかし現代医療では準専門職種部門が組織的に確立されたため，医療行為に関わる主治医権限と準専門職種部門の管理権限とは次元の異なるものとして区別して理解されています。もっとも医療上の緊急性が最優先されるような事態では医師が特別権限を発動することもあります。

　このように病院組織はガルブレイス・ネサンソンのいう複数の命令系統が存在する「マトリクス組織」の典型であることが明らかです[13]。しかもその権限構造は多元的・複合的でその統制のタイプは，管理職権限，専門職権限，専門職社会の階層・序列，専門職支配，職種間圧力など実に12種類にも及ぶと考えられます[14]。

　そして専門職組織では管理者が専門職であり，専門職としての立場と管理者の立場を使い分けなければならず大きな役割葛藤が生じます。「ストリート・レベルの官僚制」や「ヒューマン・サービス組織」に共通するものです。

2-2-3 医療福祉組織と患者さんの関係

　医療社会学は患者さんや家族を組織の成員と見なして，医療組織に統制される関係を分析しています。ゴフマンは精神病院に強制入院させられる患者さんの観察から「全制的組織total institution」[15]を描き出し，パーソンズは病院を連帯のための「社会統制装置」として分析しています。フリードソンはクライアント統制の構造を明らかにし同僚統制が必要だと指摘しています。

　リプスキーは市民と直接接し裁量権を与えられている行政サービスの従事者を「ストリート・レベルの官僚制」[16]と呼び，サービス対象者のニーズと官僚制組織の制度や資源の限界との間での悩みや統制の困難さといった課題を明らかにしています。医療福祉組織における専門職と患者さんの関係と同じような問題が生じています。

　ヘイゼンフェルドはヒューマン・サービス組織の特徴として，クライアントに対し変形技術や支援技術を使ってサービスを提供していると説明しています[17]。

　以上のような考え方は，いずれもクライアント統制の視点です。これに対し患者さん側は自助努力，代替サービスの選択，競争市場化，団体化などで対抗しようとします。そこで統制や対抗関係からもう一歩進んで，現在では協調・信頼関係の構築が要求されるようになっています。

3　病院組織のダイナミクス

　組織を考えるに当たって，権限関係という側面に加えて成長とともに変化する組織というダイナミックな側面があります。病院組織の成長に伴う構造変化を検討するために，組織の適応，組織化過程などに関する先行研究を整理した上で現実の病院の組織成長のダイナミクスを分析します。

3-1 組織のダイナミクスに関する先行研究

組織は環境や戦略に応じて変化すると言われます。またどのように変化していくのかというプロセスも重要な課題です。これらについてまず先行研究の整理をしておきます。

3-1-1 環境と組織の適応

組織は外部環境や内部環境の変化を受けて変化すると言われます。J. D. トンプソンは組織が不確実性に対応するために分権化すると説明し[18]、ローレンス・ローシュは技術条件と市場の変化に対応して組織が分化や統合を行うことを明らかにしています[19]。ローシュ・モースは環境の不確実性と組織成員の自律性の程度により組織構造が異なることを明らかにしています[20]。これらはコンティンジェンシー理論と呼ばれています。

3-1-2 戦略と組織の適応

同じ環境条件でも異なる組織構造を持つ企業が高い業績を上げる場合もあることから、戦略との関連が指摘されました。チャンドラーはアメリカの大企業が市場の地理的拡大や製品多角化戦略に対応して事業部制組織に移行したことを明らかにしました[21]。ガルブレイス・ネサンソンは製品志向と職能志向のパワーが均等になるとマトリクス組織が出現することを明らかにしています[22]。

3-1-3 組織化過程

ワイクは組織が環境を「創造enact」し、かつ環境に反応すると主張しました[23]。環境が組織によって創造されるものであるなら、組織が変化することにより新たな環境が構築されるという組織主体的な環境認識となります。近年のNPO組織の成立過程の分析からも、組織のライフ・サイクルのような変化が見られます。岸田民樹はマトリクス組織を職能部門と製品別製造部門との対処を可能にするための発展段階モデルとして説明しています[24]。しかし、医

療組織の組織化過程では，複数の命令権限が均衡するマトリクス組織はもっと多くのタイプがあり，しかも以下で説明するように変化の移行段階で見られる場合が多いことがわかります。

3-2 病院組織のダイナミクス

では一般的に病院組織の成長に伴いどのような組織構造の変化や課題が現れるのかを検討した上で，著者らが経験した病院組織のダイナミクスを紹介することにします。

3-2-1 構造変化の背景

病院組織の構造変化の背景には，規模拡大，準専門職業務の高度化・専門分化・大量化などが考えられます。その結果，準専門職部門が独立し組織構造に大きな変化を与えたのです。看護業務は戦前は診療補助業務であったものが，病院の大規模化に伴い看護部門として独立し，病棟管理まで行うようになりました。戦後生まれた多様な準専門職種も部門として独立し，しかも専門職化する傾向にあります。

3-2-2 準専門職部門の独立

準専門職種の増加と専門分化に伴い，病院組織は縦割りの職種別部門組織に変化していきます。準専門職種の部門組織としての独立は医師との関係も大きく変化させ，医師の補助業務から一歩進んで医師との機能分担の関係になっていきます。準専門職種も医師に負けないような専門能力の向上を目指し，医師側もその成長を促進させようとします。

3-2-3 「マトリクス組織」

(1) 病院の「マトリクス組織」

多くの病院組織研究がマトリクス組織を取り上げていますが，現代では厳密

な意味で二つの命令系統が均衡状態にありしかも長期に継続するような組織はあまり見られません。アメリカの病院における病棟マネジャーのように，医師をはじめとする多くの職種の様々な意思決定を調整・統合するような役割は日本では見られないのです。

　日本では，準専門職種部門が独立するに際し，医師をトップとする縦系列の組織から新たな職種別部門の縦系列への移行と医師の権限の委譲時期に短期的に現れます。しかし準専門職種部門が完全に独立し準専門職の管理者が地位を確立するとマトリクス組織ではなくなります。一時的に現れる言わばプロトタイプのマトリクス組織はチーム・メンバーが交代制でないことや職種別部門が完全に独立していないことが条件なのです。成長過程の途中にある中小規模病院や診療所，大規模組織の下部組織としての手術部や放射線検査部門などでも見られます。

(2)「マトリクス組織」の課題

　マトリクス組織の問題点は複数の命令系統の混乱にあると言われます。医療現場では管理権限と専門職権限との葛藤，複数の医療専門職権限による混乱などがあります。しかし，現代では単一の命令系統だけで動いているような組織は軍隊などに限られています。子供は父親と母親から異なる指示を受けていますし，サラリーマンでも上司以外の多くの関係者から暗黙の指示や命令を受けているのが実態です。そしてどの命令を優先させるべきかについても学習を重ねています。

3-2-4　職種別部門組織の確立

(1) 専門職化と職種別部門の独立

　多くの大規模病院は職種別部門組織となっています。企業で言えばいわゆる職能部門組織です。しかし医療では専門職種の業務の専門分化・高度化，大量化などと資格制度による業務独占規定もあるために，縦割りの職種別部門組織が必然となります。医師の医療上の指示は，流れ作業のようにそれぞれの準専門職種部門で処理されていきます。準専門職種の管理者は同一の準専門職です。

(2) 専門職化・独立部門化の問題点

一方で専門職化・独立部門化が進行すると，医療上の責任があいまいになること，患者さんとのコミュニケーションも悪くなること，同一部門内でも他の担当者の業務内容が理解できなくなることなどが原因で，医療の質の低下や非効率につながることが指摘されています。

そこで部門を超えたプロジェクト・チームによる作業や，受け持ち患者制，症例検討など患者を中心にした連携業務などが重要になってきます。

3-2-5 病院組織の成長とダイナミクス

著者らの経験では，病院組織の成長とともに組織構造は，(1) 診療チーム，(2) 診療機能組織，(3) マトリクス組織，(4) 職種別部門組織，(5) 事業部制へと変化します。一方で診療チーム，診療機能組織，マトリクス組織などは医療現場の医療単位として今でも残っています。

(1) ステージⅠ（診療チーム）図5-1

一人の医師を中心に狭い分野の診療をしている個人診療所のような小規模組織です。医師が全ての中心であり，医療上の業務指示も管理運営も責任を持っています。中小企業やベンチャー企業に似ています。

(2) ステージⅡ（診療機能組織）図5-2

2～3人の医師がいて医師の診療機能を中心に動いている組織です。医師の専門分野や診療科が次第に分かれ始めます。ステージⅠやステージⅡは医師の診療機能中心の組織と言えます。しかし次第に規模が拡大すると，診療チームが同じメンバーで構成されることは少なくなり交代で入れ替わります。看護部門が独立し，他の専門職種の一部も独立する方向に動き出します。中小規模病院や大規模病院の手術部，放射線検査部などにも見られる組織です。

(3) ステージⅢ（プロトタイプの「マトリクス組織」）図5-3

看護部門に引き続き他の準専門職部門も独立します。部門の管理者が任命され権限が一部委譲されますが，まだ完全に部門管理者の権限が確立されていないため，医師が業務や人事管理にもまだ関与しています。言わばプロトタイプ

図5-1 診療チーム

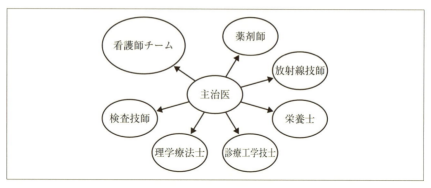

出典：中島（2007）

図5-2 診療機能組織

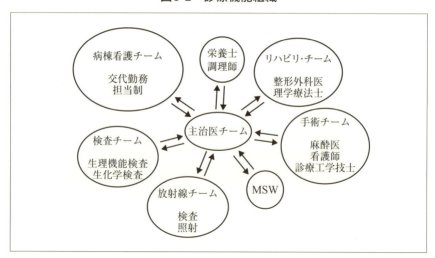

出典：中島（2007）

のマトリクス組織です。

(4) ステージⅣ（職種別部門組織）図5-4

　200床〜300床程度の病院になると，医師団は診療科ごとに独立し診療科別の管理機構ができあがります。準専門職種部門の比重も増大し，むしろ人数か

図5-3　マトリクス組織

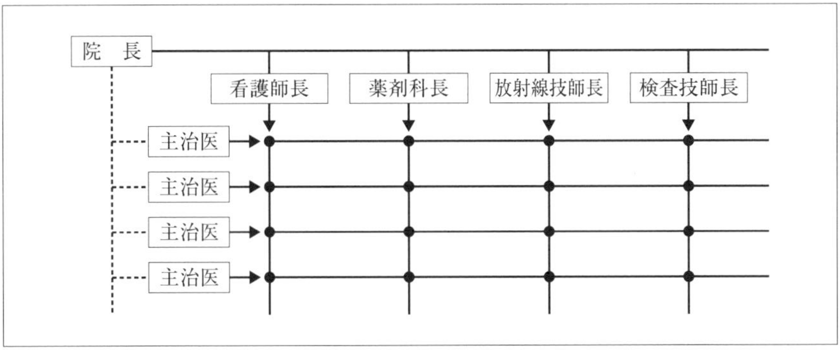

実線は命令系統を示す。
出典：中島（2007）

ら言えば準専門職種部門が中心となる組織へと変化します。看護部長の下に看護部門内の教育・業務管理，人事管理を行う副部長や師長が置かれます。他の準専門職種にも技師長，主任などが置かれ完全に独立した組織となります。中規模以上のほとんどの病院に見られる一般的な組織でしょう。

(5) ステージⅤ（事業部制組織）図5-5，5-6

　規模拡大とともに施設が複数になったり，腎センター，循環器センター，救急センター，ICU・CCUなど独立性の高い戦略部門ができると事業部制組織が生まれます。職種別部門組織から事業部制組織への移行段階で，一般企業に見られるようなマトリクス組織が一時的に出現します。しかしこれは新規事業部門のトップが完全に権限を確立するまでに限られています。また事業部制といっても各事業部が経営責任を全て負っていない場合もあります。

(6) ステージⅥ（再統合化）図5-7

　さらに各事業部が完全に独立し本部機構の統括機能が必要になると，本部機構内に職種別の統括責任者が置かれ，事業部間の専門職種別部門の管理を行うようになります。一般企業でも事業部制や分社化の欠点を補うために再統合化が行われる傾向があります。

図5-4　職種別部門組織

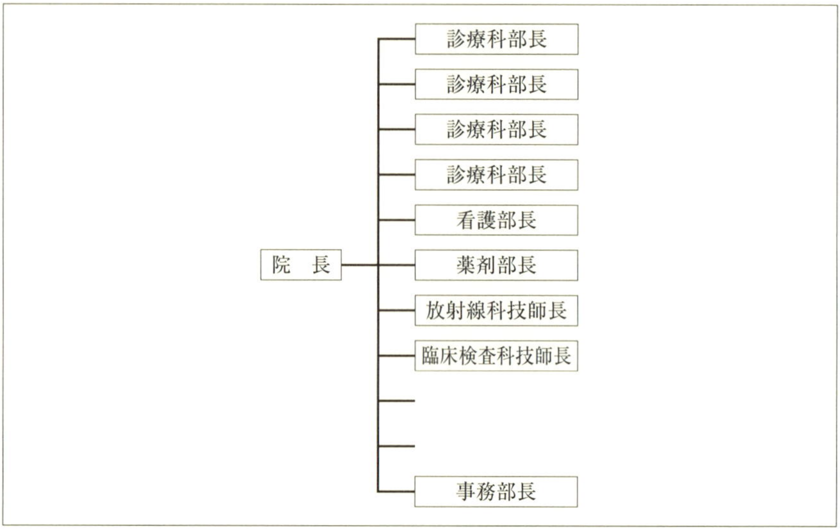

```
院　長 ─┬─ 診療科部長
        ├─ 診療科部長
        ├─ 診療科部長
        ├─ 診療科部長
        ├─ 看護部長
        ├─ 薬剤部長
        ├─ 放射線科技師長
        ├─ 臨床検査科技師長
        └─ 事務部長
```

出典：中島（2007）

図5-5　事業部制組織（1）

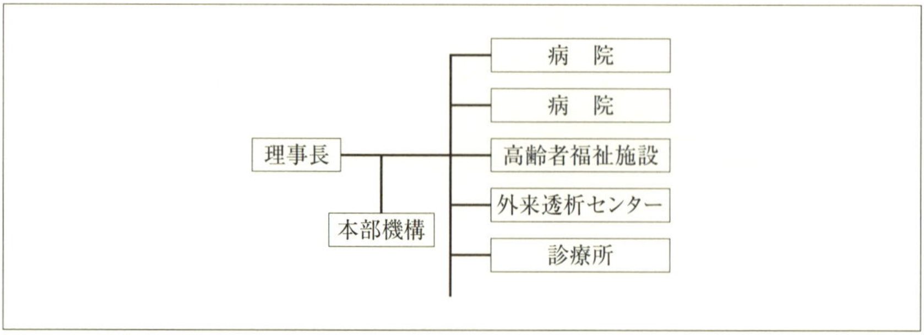

```
理事長 ─┬─ 病　院
        ├─ 病　院
        ├─ 高齢者福祉施設
        ├─ 外来透析センター
        └─ 診療所
  │
本部機構
```

出典：中島（2007）

　このような病院組織の成長段階はまだ一般化できるかどうかはわかりません。しかし職種別部門が中心となりながらも，マトリクス組織や診療機能組織が混在するのが病院組織のダイナミクスの特徴と言えます。

図5-6　事業制組織（2）

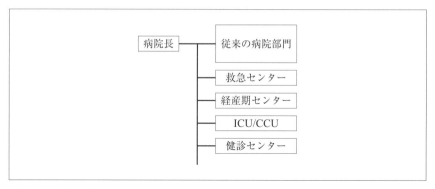

出典：中島（2007）

図5-7　再統合組織

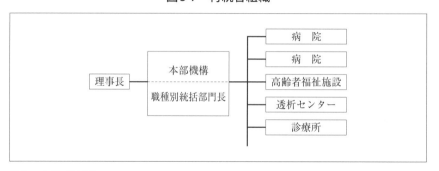

出典：中島（2007）

(注)
1) C.I.バーナード（1938）山本安二郎・田杉競・飯野春樹訳『新訳　経営者の役割』ダイヤモンド社，1968，85-95頁。
2) A.エツイオーニ（1975）綿貫穣治監訳『組織の社会学的分析』培風館，1966年，12-53頁。
3) A.エツイオーニ（1964）渡瀬浩訳『現代組織論』至誠堂，1967年，117-142頁。
4) Scott, W.R., "Reactions to Supervision in a Heteronomous Professional Organization," *Administrative Science Quartaly*, 10, 1965, pp.65-81.
5) Hasenfeld, Y., *Human Service Organizations*, Prentice-Hall, 1983.
6) Gouldner, A.W., "Cosmopolitans and Locals: Toward an Analysis of Latent Social

Roles," *Administrative Science Quaterly*, 1957, pp.281-306 and 1958, pp.444-480.
7) 西田耕三『日本的経営と人材』講談社，1987年，103-231頁。
8) 太田肇『仕事人と組織―インフラ型組織への企業革新』有斐閣，1999年，23-64頁。
9) A. グールドナー（1955）岡本秀昭・塩原勉訳『産業における官僚制』ダイヤモンド社，1963年，239-255頁。
10) W. コーンハウザー（1962）三木信一訳『産業における科学技術者』ダイヤモンド社，1964年，45-84頁。
11) Goss, M.E.W., "Patterns of Bureaucracy among Hospital Staff Physicians," E. Freidson eds., *The Hospital in Modern Society*, The Free Press, 1963, pp.170-194.
12) Mintzberg, H., *Structure in Fives: Designing Effective Organizations*, Prentice-Hall, 1983, pp.189-213.
13) J.R. ガルブレイス・D.A. ネサンソン（1978）岸田民樹訳『経営戦略と組織デザイン』白桃書房，1989年。
14) 詳しくは中島（2007）193-197頁。
15) E. ゴフマン（1961）石黒毅訳『アサイラム―施設被収容者の日常世界』誠心書房，1984年，14-76頁。
16) M. リプスキー（1980）田尾雅夫・北大路信郷訳『行政サービスのディレンマ―ストリートレベルの官僚制』木鐸社，1986年，31-47頁。
17) Hasenfeld, Y., op.cit., Prentice-Hall, 1983, pp.110-147.
18) J.D. トンプソン（1967）高宮晋監訳『オーガニゼイション・インアクション』1987年，85-105頁。
19) P.R. ローレンス・J.W. ローシュ（1986）吉田浩訳『組織の条件適応理論』産能大学出版部，1977年，157-188頁。
20) J.W. ローシュ・J.J. モース（1974）馬場昌雄・服部正中・上村祐一訳『組織・環境・個人―コンティンジェンシー・アプローチ』東京教学社，1977年，117-154頁。
21) A.D. チャンドラー（1969）有賀裕子訳『組織は戦略に従う』2004年，23-63頁。
22) J.R. ガルブレイス・D.A. ネサンソン（1978）岸田民樹訳，前掲書，白桃書房，1989年，147-166頁。
23) Weick, K.E., "Educational Organizations as Loosely Coupled Systems," *Administrative Science Quarterly*, March, vol.21, 1976, pp1-19.
24) 岸田民樹（編著）『現代経営組織論』有斐閣，2005年，263-273頁。

第6章
人と組織のマネジメント

　本章では医療福祉専門職と医療福祉組織のマネジメントにおける特徴的な課題を取り上げ検討します。まず目標によるマネジメントを取り上げ，意思決定と実施の過程を検討し，最後にリーダーシップについて考えます。企業経営理論との相違点も浮き彫りになってきます。

1　医療福祉組織の目標

　本書ではミッション，理念，戦略など組織の方向性を示すものをまとめて目標としています。そのため目標には階層性があり，ミッション・理念などは上位概念，全社目標・戦略などは中位概念，部門目標や戦術などは下位概念と言えます。ミッションは長期的・抽象的であり，部門目標や戦術は短期的・具体的です。医療福祉組織のマネジメントではさらに専門職個人の目標や組織外部の専門職社会の目標も登場します。

1-1　組織目標の特性

1-1-1　多目的性
　ドラッカーは，組織における目標の重要性と管理者が目標による自己管理をすべきことを強調しました[1]。その後，目標管理制度は日本の多くの企業に取り入れられています。しかしドラッカーは組織が複数の目標を持つことや管理者がそれぞれ異なる目標を持つという前提に立っていました。エツイオーニも組織目標の多様性に着目し，命令的目標，経済的目標，文化的目標という3つのフェイズがあることを明らかにし，多目的な組織ほど有効だと指摘しまし

た[2]。

1-1-2　目標の統合

しかし多目的組織では共通目標すなわち目標の統合が必要だとの議論も生まれてきます。ドラッカーも単純で明確な共通目標が必要だと言います。そのため共通目標は抽象的にならざるを得ません。田尾雅夫も，ヒューマン・サービス組織は専門職組織であるために組織目標は形式的・抽象的に表現するのがタテマエで，誰からも受容される必要があると言います[3]。太田肇は組織目標の統合に新たな「間接的統合」の概念を導入し，専門職は組織外部の専門職社会の目標に準拠するために組織目標とは異なっており，個人と組織は仕事を媒介に間接的な統合を図るしかないと主張しました[4]。

1-2　医療福祉組織の目標特性

以下では医療福祉組織の目標に関する先行研究を，①サービスに帰因する特性，②組織成員の特性に帰因するもの，③組織の一般的特性，④市場・戦略・クライアントなどに帰因するもの，⑤組織化過程の特性に関わるもの，の5つに整理しています。医療福祉組織の目標の多様性は明らかです。

1-2-1　サービスに帰因する特性―公共性・非営利性

ヘルスケア・サービスが公共的サービスであるために，組織目標の特性でも公共性が第一に挙げられます。医療福祉組織は非営利や公共団体の経営も多く，経済的目標が前面に出ることは少なくなります。医療法人も，営利法人ではなく中間法人として位置づけられており，営利企業であっても医療福祉組織では公共的目標を前面に出しています。しかし島田恒や谷本寛治は，医療福祉組織では非営利の方が社会的信頼を得やすいというだけで，事業収益を上げることが必要だと説明しています[5]。高橋淑郎も，医療法人は非営利性を強調しながらも実は営利組織だと指摘しています[6]。また非営利性は組織運営上非効

率につながるとの指摘もあります。

1-2-2　組織成員に帰因する特性—専門職目標と組織目標の関係

　専門職には能力成長目標があり，組織目標とのコンフリクトが生まれます。コーンハウザーは産業界における科学者と技術者の目標の違いを明らかにし，ドラッカーも専門職の専門的目標について指摘しています[7]。太田（1993）は専門職と組織は仕事をブリッジとして間接的に結ばれているだけだと説明しています。しかし，医療福祉組織の場合は専門職と専門職組織の関係であり組織内部に「ミニ専門職社会」が存在するため，個人と組織の目標は逆に一致しやすいと考えられます。

1-2-3　組織目標の一般的特性—組織としての成長目標

　一般企業では組織の継続や成長が最も重要な目標とされています。島田（1999）は非営利組織にとっても成長は重要だと指摘し，谷本（2002）もNPO組織では継続事業体としてのマネジメントが必要だと説明しています。成長目標はあらゆる組織に共通する目標と思われます。

1-2-4　クライアントに帰因する特性—規範的象徴性

　杉政孝は病院には規範的価値の象徴としての目標が必要だと強調しました[8]。クライアント統制のための手段として医学への畏敬の念，医療専門職の指示の尊重，社会復帰のための努力などの道徳的規範がシンボリックに患者さんに示されています。

1-2-5　組織化のための目標

　NPO，ボランタリー組織，非営利組織などの研究では，組織成員の流動性が高いために，成員を動員しまた繋ぎ止めておく（組織化）ためにミッションが重要だとされ，ミッション・ベイスト・マネジメントだと説明されています。医療福祉組織でも労働力の流動性が高い点は共通しますが，準拠基準が個

人の持つミッションであるか専門職アイデンティティであるかという点が異なっています。またボランティアは他に本業や生活の基盤がありキャリア発達も主には本業で達成されます。しかし、医療福祉組織では常勤の専門職であり、組織に対して専門能力向上のための機会と生活基盤としての経済的報酬も求めているために決定的な違いがあります。そこで下位目標である個人目標・部門目標や、組織外部の専門職社会の目標など専門職目標が重要だと考えられます。

1-2-6　目標の多様性──多様な顧客

医療福祉組織では顧客も多様であり、組織目標に取り込む必要があります。ラブロック・ワインバーグは、公共・非営利組織の目標にはサービス対象者だけでなく、寄付者や補助金を支出する政府などを視野に入れなければならないと指摘しています[9]。これらは医療福祉組織にも共通します。しかも医療福祉組織の成員は組織人ではないため、専門職目標の多様性までも影響してきます。

1-3　医療福祉組織の三つの目標

医療福祉組織には多様な目標が存在し、しかも相矛盾する目標や次元の異なる目標も抱えています。これらの目標を分析すると、①社会的目標、②専門職目標、③企業体目標の3つの目標群に整理できます。3つの目標の構造は図6-1のように示すことができます。

1-3-1　社会的目標

第一の目標群である社会的目標は、公共性、非営利性、規範性などを包含し、ミッション、ビジョン、ゴールなどと呼ばれる組織の上位目標です。地域のニーズや組織の方向性を示し多くは抽象的でシンボリックな言葉で表されています。下位目標として地域における具体的役割、ドメインや到達目標なども

図6-1　ヘルスケア組織の目標構造

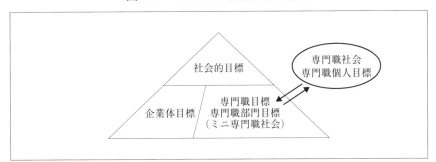

社会的目標は組織の成立要件であり，その上に専門職目標と企業体目標が存在する。目標間のプライオリティは組織によって異なる。専門職個人の目標は組織外部の専門職社会の目標を指向している。
出典：中島（1993，2007）

示されます。

　社会的目標は医療機関の存在する前提条件であり成立条件でもあります。医療福祉組織は，地域の人々の健康や生命を守るために存在し，社会保障制度の現物給付を行う社会的機関です。水道，電気，交通などの公共的サービス分野でも同じことが言えるでしょう。

　社会的目標は多くの矛盾やギャップも包含し，しかも社会的ニーズの変化や地域社会における位置づけにも対応する必要があります。

1-3-2　専門職の能力成長目標

　第二の目標群は専門職の能力成長目標です。医療福祉専門職個人が持つ能力成長目標は，専門職チームの目標，専門職部門の目標へと集約化されます。医療福祉組織では達成すべき医療水準，教育研修，臨床研究など専門職の能力成長を必ず目標に掲げています。これは大学や研究所，オーケストラ，弁護士事務所や会計士事務所，設計事務所などに共通します。専門職は組織目標よりも個人の能力成長目標を重要視しています。しかも医療福祉専門職にとっては，勤務する病院とは別に，共通の「専門職アイデンティティ」を持つ複数の専門

職社会があります。

　医療福祉組織にとっては，社会的目標や企業体目標を達成するためには専門職目標が必要条件となります。しかも専門職には外部労働市場が存在するため一層重要です。医療福祉組織ではトップは専門職であり，専門職部門が独立しているなど専門職目標が取り入れられやすいような制度的保障もあります。

　しかし専門職の能力成長目標は，社会的目標である医療の質や安全とは親和性が高いものの，企業体目標とは対立する場面も現れます。

1-3-3　企業体としての成長目標

　第三の目標群として企業体としての成長目標があります。企業の目標は「成長とそのための利益」と言われています。医療福祉組織も多くの顧客，取引先や従業員を抱える企業体であるため，組織としての成長目標が必要となります。しかも組織の規模拡大に伴いますます企業体目標は重要になってきます。

　しかし，医療福祉組織における企業体目標は医療費抑制政策の下で危機に直面しています。病床規制政策は組織的成長機会の喪失を意味しますし，低医療費政策は人や設備への投資を不可能にしてしまいます。

1-3-4　関係者と病院の目標との関係

　病院を取り巻く関係者の要求と病院の目標との関係を図6-2で示しています。それぞれの関係者が重要視する目標には違いや重要度の差が明らかです。患者さん・政府・保険者などは社会的目標を，従業員や外部専門職社会は専門職目標を，経営者や取引先は企業体目標を重視しています。

　以上医療福祉組織の目標を3つの目標群に整理しその構造を検討しましたが，企業経営でも同じような分析が可能です。最近の学生を見ると専門家志向が顕著です。しかも労働力の流動性が高くなっていくと医療福祉組織に似て個人のキャリア目標が重要になってきます。図6-3で将来における企業の目標構造を示してみました。

図6-2 病院の目標と関係者の関係

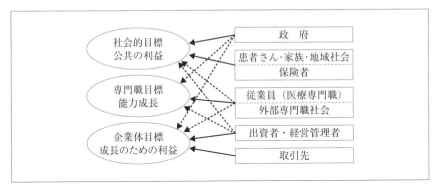

太い矢印は強い関係を，破線の矢印は弱い関係を表す。
出典：中島（1993，2007）

図6-3 将来の企業の目標構造

個人の目標がもっと重要な位置を占めるようになり，社会的目標も必須の要素となる。
出典：中島（1993，2007）

2 意思決定と実施の過程

次に医療福祉組織において目標がどのように決定され実施されるのかというプロセスを検討します。これによって医療福祉組織のマネジメントにおける特性がますます明らかとなってきます。

2-1　組織目標の決定過程

2-1-1　目標決定過程の意味

ワイクは，組織の共通目標の下に集団が結成されるのではなく，集団維持のために目標が形成されると主張しました[10]。サイモンは組織の意思決定が必ずしも合理的なものではなく，不完全な情報による満足解だとし「限定的合理性」の概念を提示しました[11]。マーチ・オルセンは現実の意思決定過程が組織内における問題，解，参加者，選択機会という独立した流れの産物であり，意思決定はそのときの文脈に依存するとして「ゴミ箱モデル」であると指摘しています[12]。アンゾフは目標や戦略に長期的か短期的か，戦略的か業務的かといった多くの位相があることを明らかにしています[13]。

しかも目標の決定過程にはリーダーシップも影響を与えます。

2-1-2　専門職組織における目標決定過程

組織目標は多くの関係者による交渉や文脈により合成された結果です。決定過程では関係者間のコンフリクトが存在します。V. A. トンプソンは，組織目標は組織の意図する将来のドメインであって，しかも支配的連合に参加している人々の意図するドメインであり，政治的産物だと説明しました[14]。

太田（1993）は専門職と組織との目標の葛藤を分析し，外部の専門職社会の評価基準を組織にビルトインする必要があると主張しました。太田は非専門職組織と専門職との関係を分析していますが，専門職組織においては組織内部に「ミニ専門職社会」として独立した専門職部門が存在するために，専門職の目標は組織目標と重なってきます。ミニ専門職社会の目標が組織外部の専門職社会の目標と合致しているからです。

2-2 医療福祉組織の目標決定過程

2-2-1 医療福祉組織における目標の不一致

　組織目標は多元的で階層性があり，しかも環境によって変化します。医療福祉組織ではサービスの公共性に加えて，専門職組織でもあるために意思決定過程に新たな問題が浮上します。医療福祉組織の目標は公共性や専門能力の向上などを前面に出し，しかも専門職内部や専門職部門間の対立を回避するために抽象的に表現されています。組織の全体目標は単なる集合体であって統合されているわけではありません。3つに集約された目標群の中には相反するものや共存しにくいもの，ベクトルの方向の違うものも含まれています。病院が地域住民の全てのニーズに対応することは不可能です（社会的目標と企業体目標との不一致）。専門能力の向上を目指す医師を過疎地で症例の少ない病院に勤務させることも不可能です（社会的目標と専門職目標の不一致）。高額の医療機器を全て専門職の希望どおりに購入していると病院は経営赤字になってしまいます（専門職目標と企業体目標の不一致）。

　これらの目標群の対立以外に専門職間の目標の対立や，完全専門職と準専門職間の目標の対立も発生します。

2-2-2 目標の決定過程と参加者

　組織の目標は経営者・管理者が，外部・内部の関係者のニーズを把握した上で決定します。外部からは政府・保険者や地域住民のニーズが社会的目標に集約されます。外部の専門職社会からのニーズは専門職を通じて専門職目標に集約されます。取引先からのニーズは経営管理者を通じて企業体目標に集約されます。

　内部関係者では医療専門職が最も重要な参加者です。専門職の個人目標は専門職部門目標に集約され，組織全体の目標はその集合体となります。もし専門職の個人目標が反映される可能性がなければ，彼らは退職して他の病院へ移ってしまいます。

医療福祉組織のトップはもともと医療専門職であり，医師としての社会的責任の自覚と専門能力の向上目標を持っています。しかし組織規模の拡大に伴い企業体目標が無視できなくなってくると，専門職アイデンティティよりも経営管理責任を優先せざるを得なくなります。

決定過程が参加的でない場合や，専門職目標が優先され地域社会のニーズが無視される場合もあります。しかしそれも一概に問題視はできません。トップダウンで決定せざるを得ない時もありますし，自分たちのやりたい医療を貫いて全国から患者さんを集めている有名な専門病院もあるからです。

2-2-3 意思決定過程のパワー・ポリティクス

組織目標は組織内部の集団による交渉によって政治的に決定されるため，交渉力が重要となるパワー・ポリティクスの世界を理解しておく必要があります。組織内パワーの源泉としては，①部門の重要度，②部門の規模，③トップとのパイプ，④部門の希少価値，⑤能力や実績，そして声の大きさなどもあります。しかも外部の複数の専門職社会のパワー・ポリティクスも影響するきわめてオープンで多峰的な世界です。

医師は重要度，希少価値，能力や実績などで絶対的パワーを保持しています。診療報酬も基本的には医師の医療行為によって決まります。しかし医師集団として団結する機会は少なく，個人や診療科単位で行動します。しかも大学医局や専門医学会からの統制を受けています。看護部門のパワーの源泉は重要度や規模です。職員数の60％程度を看護部門が占めていますし，看護師数が診療報酬にも関係しています。他の医療専門職種のパワーの源泉は重要度や希少性です。既に第4章，表4-3で見たように医療専門職集団が組織内でパワーを持ち，経営管理を担う事務部門の発言権はあまり大きくありません。

2-3 目標の実施過程

2-3-1 目標遂行上の特性

　進藤雄三は，病院組織は多目的組織であるため目標よりも目標遂行過程に特性があると指摘し，医療専門職権限と官僚制的命令系統のコンフリクトを解消するため助言官僚制などがあると説明します[15]。

　しかし前章で分析したように，病院組織には専門職支配の構造以外に専門職内部の能力による階層内序列も存在し，組織外部の専門職社会にもオープンです。目標には組織外部の目標も含まれています。また医療専門職は専門職社会の統制を受けながら個人の目標を自律的に遂行しようとします。医療福祉専門職が目標管理するのは理念や病院目標ではなく，専門職部門の目標，専門職チームの目標，専門職個人の目標です。

2-3-2 目標の共有と浸透―理念主導型経営？

　従来は目標の実施過程に関しては，ミッション，理念などをメンバーに浸透させ共有させることが重要だとする理念主導型，ミッション・ベイスト・マネジメントなどが主張されてきました。

　高橋は病院の経営理念を調査したところ職員が共有できるものになっていたと報告していますが，抽象的理念が組織の牽引力となっていたとは思われません[16]。企業で行われるような理念の唱和や暗記は，医療専門職にとっては逆効果になる危険もあります。明石純も経営理念を浸透させることで医療組織を発展させた事例を紹介していますが，これらの事例に共通の要素が存在するようには見えません[17]。現実に企業でも理念や行動指針などが作成されるのは組織基盤が確立した後の方が多いようです。成功した組織がその経験や過程を文書化するもので，創立者たちのイメージと重なって受け入れられていくのです。

　本書では目標の多目的性を主張しており，そのため抽象的となる組織目標が専門職のモチベーションにドライブをかけることはないと考えています。タテ

マエとしてのミッションや理念はリーダーシップの補強や集団の維持のために使われるのです。医療福祉組織の共通目標は，ワイクが指摘したように組織を維持するためのツールであって，何かを成し遂げるための牽引車とはなり得ません。

2-3-3 長期的視点での目標管理―キャリア開発

目標の実施過程の意義は，目標管理であり専門職個人のキャリア開発のためにあります。専門職はドラッカーが指摘した管理者と同じように，自ら目標を設定し自己管理する存在です。しかも専門職の目標管理には長期的視点すなわち「キャリア開発」という視点が必要です。シャインは人生を開発過程の連続だと説明しました。人は職業に就いてから数年かけて「キャリア・アンカー」を発見し，それによって仕事人生の方向が定まり安定した成長ができると言います[18]。

しかし医療専門職のキャリア開発では専門職社会と外部労働市場の存在のために異なる様相を見せます。医師のキャリアは大学医局の統制を受けていますし，反対に準専門職は流動性が高く組織の統制が効きません。キャリア・アンカーについても医師の場合には臨床研修終了の段階で将来の専門領域を自律的に決定してしまいます。勤務する組織は，医療専門職のキャリア形成をする上で必要な機会を提供する場というイメージです。

3 医療福祉組織のリーダーシップ

組織は外部環境における市場や競争戦略などに依存すると同時に組織内部の要因にも影響されますが，それでも全ての組織が同じような意思決定をするわけではありません。しかも意思決定過程では「ゴミ箱モデル」のように多くの変数が登場し，パワー・ポリティクスで示されたように関係者の交渉過程の文脈に影響されます。だとすると意思決定過程におけるリーダーシップが重要になってきます。目標の遂行過程でも専門職や経営管理者のリーダーシップが問

われることになります。

そこでまずリーダーシップに関する先行研究を整理したうえで，医療福祉組織におけるリーダーシップを明らかにします。そして，医療福祉組織の経営管理者について検討します。

3-1　先行研究に見るリーダーシップの諸相

リーダーシップに関する先行研究では，リーダーの資質・行動・機能などを分析したもの，社会関係から見たもの，集団として捉えるものなどがあります。また新たなリーダーシップ・スタイルの研究や環境との関連を分析したものなどもあります。

3-1-1　資質・行動・機能としてのリーダーシップ

リーダーシップをカリスマのような統制権力としての資質に求める主張があります。ウェーバーはカリスマを分析して，天性のカリスマ以外に世襲や近代官僚制に基づく合理的・合法的カリスマの存在を明らかにしています[19]。エツイオーニは，病院では専門家カリスマが専門的知識・技術によって統制していると指摘しました[20]。

リッカートらのミシガン大学の研究では，リーダーの行動特性に着目して従業員中心的監督方式，一般的・支持的監督方式や従業員の参加を促すリーダーシップなどが有効だと主張しました[21]。リーダーシップの発揮は訓練によって行動特性を身につければ可能だということになります。

リーダーの機能に着目する研究もあります。リッカートは，リーダーは組織の上下の集団を結びつける連結ピンの役割を果たす[22]とし，コッターは連絡・調整機能が最も重要だと指摘します[23]。太田（1993）は専門職にとってリーダーシップは支援的機能であるべきだと主張します。

これらの指摘はリーダーシップの個人特性を分析するものでした。

3-1-2　社会関係としてのリーダーシップ

　リーダーシップを個人特性ではなく社会関係として分析する研究があります。バーナードは，リーダーの権威や能力がフォロワーに受け入れられて初めてリーダーシップが認められるとします[24]。リーダーシップは組織におけるリーダーとフォロワーの役割構造であり，しかもフォロワーの承認がなければ成立しないことになります。恋愛関係と同じで片思いではだめなのです。

3-1-3　「集団的リーダーシップ」

　しかし多くのリーダーシップ論は理想像を追求しすぎる嫌いがあり，現実にはそんな理想のリーダーはいません。そこで複数の欠点もある個人が互いに補い合ってリーダーシップを発揮するのが現実だという主張も現れます。コッターは企業変革の事例を分析して，リーダーシップが複数の専門分野に特化したリーダーや多数のそれに準ずる集団によって担われたり，軽度なリーダーシップや小規模のリーダーシップ，「ミスター・リーダー」と「ミスター・マネジャー」という役割関係なども重要だったと指摘しました[25]。コッターの主張する集団的リーダーシップという概念や「ミスター・リーダー」と「ミスター・マネジャー」の関係は医療福祉組織のマネジメントでも使えそうです。

　「ミスター・マネジャー」は日本では「女房役」「補佐役」などとよく言われます。森雄繁はリーダーと「補佐役」の関係を分析し，補佐役に必要な条件は少数の目立たない人間で，リーダーと分かちがたい絆があることだと指摘しました[26]。日本の補佐役はナンバー・ツーではなくトップの黒子的存在です。

3-1-4　「一人一人がリーダー」

　専門職組織では，組織の末端で自律性を持った専門職がサービスを提供しています。その結果，フロントラインの一人一人がリーダーシップを発揮しなければならない状況が発生します。ドラッカーは未来の市民社会では一人一人がリーダーであると主張しています[27]。バダラッコも今まで陰に隠れていて脚光を浴びることがなかった「静かなリーダー quiet leaders」の存在に着目しま

す[28]。

　以上のリーダーシップの社会関係や誰が担うのかという議論に対して，環境条件とリーダーシップに着目する研究もあります。

3-1-5　環境とリーダーシップ

　リーダーシップ・スタイルが環境条件に応じて異なるという理論です。ローシュ・モースは外部環境が不確実で自律性の高い部下の場合には参加的・部下中心的リーダーシップが適切であると結論づけました[29]。ハーシー・ブランチャードはフォロワーの成熟度により望ましいリーダーシップ・スタイルは，①高指示・低支援から②高指示・高支援，③低指示・高支援，そして④低指示・低支援へと推移していくと主張しています[30]。組織化の段階に応じてカリスマ型から官僚制そして柔軟的リーダーシップ・スタイルへ変化するという議論もあります。

3-2　医療福祉組織におけるリーダーシップ

　医療福祉組織にも多様なリーダーシップ形態があり，しかも複合型のリーダーシップが必要だと我々は考えています。以下で詳しく見ていきます。

3-2-1　カリスマ型リーダーシップ

　J. D. トンプソンが説明したように，多様な集団からなる組織では，支配的連合を運営できる個人がリーダーとなります[31]。しかし病院では，院長が全ての権限を任されているにも関わらず，医療専門職集団の独立性が高いため彼らの同意や承認が必要となります。そのため外部からカリスマと思われている経営者が，実は組織内では意外に民主的なリーダーだったりします。それは組織として，外部に向けても内部でも象徴としてのカリスマが必要だからだと思われます。

3-2-2　二元型リーダーシップ（一人二役）

病院組織では医療専門職権限と管理的権限の2種類のリーダーシップが必要だとの指摘もあります。病院長は医療専門職部門の代弁者であると同時に，事務部門が持つ管理的権限を専門職部門に対して代弁する機能も持つ必要があります。一人で二役をこなさなければならないのです。

3-2-3　「機能分担型・集団的リーダーシップ」

カリスマ型リーダーシップや二元型リーダーシップは一人の人間がリーダーとしての機能を果たすのですが，組織規模の拡大や業務の専門分化などに対応できるスーパーマン的存在はありえません。そこでリーダー機能を複数の人間が分担する集団的リーダーシップが不可欠になります。副院長・事務部長・看護部長などの管理者集団が病院長を補佐する必要があります。ミスター・マネジャーや補佐役です。専門職部門内部でも機能を分担しているリーダーシップが見られます。

3-2-4　「自律型リーダーシップ」

病院では，ドラッカー（1990）が未来社会では必要だと主張した「一人一人がリーダー」が日常で見られます。医療組織内部では医療専門職一人一人がリーダーとしての機能を果たす新たな「自律型リーダーシップ」が存在します。医療チーム内部ではそれぞれが機能分担をしており，各人が自律人として目標を持ち，自分の仕事にコミットしています。彼ら一人一人が，医療チームや医療組織内でリーダーシップを発揮しているのだということになります。

3-3　医療福祉組織の経営管理者

3-3-1　中小企業研究からの示唆

民間医療福祉組織は小規模組織から発展してきたものが多く，また現在でも中小規模組織が多いのが特徴です。そのため中小企業研究から多くの示唆を得

ることができます。中小企業ではカリスマ企業家を中心にしながら「参加型リーダーシップ」が機能してきたと言われ，多様なリーダーシップの存在が明らかとなっています。

3-3-2　経営管理者に求められるもの―ネットワークとロマン

コッター（1984）はゼネラルマネジャーの行動を観察した結果からネットワークの重要性を強調しています[32]。西田は成長する組織や個人には長期的ロマンがあると主張しました[33]。医療福祉組織のトップには創業者や創業者一族の占める割合が多いのですが，創業者の医療専門職としてのロマンが脈々として引き継がれています。

3-3-3　病院の経営管理者

病院の経営管理面の責任者は事務部長です。しかし今まで病院の経営管理を学ぶ大学や大学院がなかったことや，経営管理部門が注目を集めることがなかったために優秀な人材が集まっていなかったと言えます。本書を読まれた皆さんの中から将来の医療経営管理者が育っていって欲しいというのが著者の願いです。

以上で医療福祉サービスや医療福祉専門職組織のマネジメントに関わる検討を終えます。医療福祉経営の舞台におけるドラマの成り行きを固唾を飲んで見守っているのは地域社会，専門職社会，保険者や政府といった観客でした。次は患者さんや家族，医療専門職の人たちが思う存分演技ができるような舞台の外部環境を整えるという「制度のマネジメント」へと向かいます。第Ⅲ部では医療福祉経営を取り巻く外部環境をマネジメントするというチャレンジングな課題に挑戦することになります。外洋の荒海に乗り出していく小型ヨットのようなイメージですが，果たして外部環境のマネジメントなど可能なのでしょうか？

(注)

1) P.F.ドラッカー（1954）上田惇生訳『新訳　現代の経営　上』ダイヤモンド社，1996年，44-66頁。
2) A.エツイオーニ（1975）綿貫穣治監訳『組織の社会学的分析』培風館，1966年，56-68頁。
3) 田尾雅夫『ヒューマン・サービスの組織─医療・保険・福祉における経営管理』法律文化社，1995年，39-41頁。
4) 太田肇『プロフェッショナルと組織─組織と個人の「間接的統合」』同文舘，1993年，145-161頁。
5) 島田恒『非営利組織のマネジメント』東洋経済新報社，1999年，22頁。谷本寛治「企業とNPOのフォア・フロント─『NPOの経営学』その新しい課題」奥林康司・稲葉元吉・貫隆夫編著『NPOと経営学』中央経済社，2002年，31-57頁。
6) 高橋淑郎「病院経営の非営利的側面─NPOとの比較から経営学的諸問題を検討」奥林康司・稲葉元吉・貫隆夫編著，同上書，中央経済社，2002年，91-125頁。
7) W.コーンハウザー（1962）三木信一訳『産業における科学技術者』ダイヤモンド社，1961年，19-44頁。P.F.ドラッカー（1954）上田惇生訳『新訳　現代の経営　下』ダイヤモンド社，1996年，223-236頁。
8) 杉政孝『病院経営と人事管理』日本労働協会，1981年，127-146頁。
9) C.H.ラブロック・C.B.ワインバーグ（1989）渡辺好章・梅沢昌太郎監訳『公共・非営利のマーケティング』白桃書房，1991年，16-22頁。
10) K.E.ワイク（1969）遠田雄志訳『組織化の社会心理学』文眞堂，1997年，115-127頁。
11) H.A.サイモン（1964）松田武彦ほか訳『経営行動』ダイヤモンド社，1990年，323-349頁。
12) J.G.マーチ・J.P.オルセン・M.D.コーエン（1976）遠田雄志・アリソンユング抄訳『組織におけるあいまいさと決定』有斐閣，1986年，27-51頁。
13) H.I.アンゾフ（1965）広田寿亮訳『企業戦略論』産能大学出版部，1969年，37-54頁。
14) V.A.トンプソン（1961）大友立也訳『洞察する組織─組織一般理論』好学社，1971年，117-164頁。
15) 進藤雄三『医療の社会学』世界思想社，1990年，156-172頁。
16) 高橋淑郎『変革期の病院経営─医療サービスの質の向上をめざして』中央経済社，1997年，25-40頁。
17) 明石純「医療組織における理念主導型経営」『組織科学』Vol.38 No.4，2005年，22-31頁。
18) E.H.シャイン（1978）二村敏子・三善勝代訳『キャリア・ダイナミクス』白桃書房，1991年，142-200頁。
19) M.ウェーバー（1925）濱島朗訳『権力と支配』みすず書房，1954年，3-64頁。
20) A.エツイオーニ（1975）綿貫穣治監訳，前掲書，1966年，69-94頁。
21) R.リッカート（1961）三隅二不二訳『経営の行動科学』ダイヤモンド社，1964年，10-37頁。

22) R.リッカート（1961）三隅二不二訳，前掲書，ダイヤモンド社，1964年，152頁，図8-4.。
23) J.P.コッター（1982）金井壽宏他訳『ザ・ゼネラル・マネジャー―実力経営者の発想と行動』ダイヤモンド社，1984，87-137頁。
24) C.I.バーナード（1938）山本安二郎・田杉競・飯野春樹訳『新訳　経営者の役割』ダイヤモンド社，1968年，168-192頁。
25) J.P.コッター（1990）梅津祐良訳『変革するリーダーシップ―競争勝利の推進者たち』ダイヤモンド社，1991年，121-140頁。
26) 森雄繁『補佐役―新しいリーダーシップ像』同文舘，1994年。
27) P.F.ドラッカー（1990）上田敦生・田代正美訳『非営利組織の経営―原理と実践』ダイヤモンド社，1991年，5-36頁。
28) J.バダラッコ（2002）夏里尚子訳『静かなリーダーシップ』翔泳社，2002年，9-19頁。
29) J.W.ローシュ・J.J.モース（1974）馬場昌雄・服部正中・上村祐一訳『組織・環境・個人―コンティンジェンシー・アプローチ』東京教学社，1977年，117-153頁。
30) P.ハーシー・K.H.ブランチャード（1977）山本成二・水野基・成田攻訳『行動科学の展開』日本生産性本部，1978年，423-449頁。
31) J.D.トンプソン（1967）高宮晋監訳『オーガニゼイション・インアクション』同文舘，1987年，169-183頁。
32) J.P.コッター（1982）金井壽宏他訳，前掲書，1984，87-137頁。
33) 西田耕三『ビジネス・ロマン』同文舘，1988年。

第Ⅲ部

医療福祉制度の
マネジメント

第Ⅲ部では医療福祉経営を取り巻く外部環境である医療福祉制度や政策について考えます。主に医療制度に焦点を当てて検討を行います。従来の医療福祉経営論では制度や環境を所与の条件としてどのように経営戦略を立てるのかが主題となっていました。しかし本書では医療福祉経営が制度や政策をマネジメントする必要があると主張します。第7章で医療サービスの供給制度，第8章で医療保険制度と診療報酬について概観した上で，第9章で医療費抑制政策の政策過程を分析します。第9章は拙著（2017）の新たな知見を踏まえて大幅な改定を行っています[1]。

第7章
医療サービスの供給制度

　本章では医療サービスの供給制度について検討します。まず日本の医療供給制度の特徴と医療施設の種類や機能について概観し，医療福祉専門職の育成制度について検討します。さらに医療供給政策を産業政策としての視点で捉え分析を行います。

1 医療サービスの供給体制

1-1　日本の医療制度

1-1-1　医療供給体制とその財源

　医療サービスの供給体制には3つの典型的モデルがあります。第一は，全てのサービスを国家が提供する国営医療制度，第二は民間市場にほとんどを委ね国家はその補完機能を果たす混合経済体制，第三は全てのサービスを民間が提供する市場経済体制です。日本の医療供給体制は第二の混合経済体制の典型です。

　一方医療サービスの財源にも，①国税，②公的保険制度，③民間保険という三つのタイプがあります。日本は②公的保険制度で賄われており，不足する部分には①国税が投入されています。また②に上乗せする形で③民間保険も存在します。日本の医療制度は世界から見れば優れた制度として評価が高いのですが[2]，一般国民の評価とは大きな隔たりが見られます。

　日本の医療供給制度の特徴としては，フリー・アクセスと自由開業医制があげられます。

1-1-2　フリー・アクセス

　患者さんはどの病院や診療所でも自由に医療機関を選択でき，何度でも受診できます。このように自由に医療機関，特に病院を受診できる制度は世界でも珍しいと言われます。医療機関を自由に受診できることは早期発見・早期治療につながり，又医療サービス市場の競争を促すことにもなります。

　しかし，一方で医療費の無駄遣いを生むことが指摘されています。このため，最近は医療費抑制のために選択の自由に様々な制約が加えられています。

1-1-3　自由開業医制

　日本の医療制度は自由開業医制と呼ばれ，医師が診療所を開設する場合には許可や制限がなく，届け出制となっています[3]。病院の開設も施設や構造の基準をクリアーしていれば原則的には許可されることとなっています[4]。またどの診療科を標榜するかも自由ですし，診療内容に関しても医療保険制度の枠内であれば医師の裁量権が認められています。このような供給側の自由は，ニーズの多い地域や診療科に関しては多くの医療機関が開設され，地域の信頼を得て病院を拡大させることも可能でした。

　しかし，一方で自由開業医制は医療機関の地域的偏在や専門医の偏在をもたらすこととなりました。このため，最近は病床規制などにより自由開業医制への様々な規制が行われてきています。

1-2　医療施設の種類と機能

　日本の医療施設は機能分化が未発達だと言われてきました。その原因は民間医療機関を育成する必要があったことと，そのために診療報酬制度も開業医向けにできていたためでした[5]。しかし1990年代から医療施設の類型化・機能分化のための政策が行われています。ここでは日本の医療施設を医療法等による区分と，機能やサービスの違いによる分類という2つの方法で整理します。

1-2-1　法で定める医療施設の分類

医療法で医療施設の区分をしているのは，診療所，病院，助産所，介護老人保健施設，地域医療支援病院，特定機能病院，臨床研究中核病院の7種類にすぎません。病床には精神病床，感染症病床，結核病床，療養病床，一般病床の5つの区分があります。診療報酬ではこれらに加えて管理料や加算などにより，開放型病床，緩和ケア病棟，老人性認知症疾患治療病棟，医療療養病床・介護療養病床，回復期リハビリテーション病棟，地域包括ケア病棟，亜急性期病院，高度急性期総合病院などの区分もあります。詳しくは厚生白書を参照してください。

また2016年から病床機能報告制度によりさらに詳細な病床機能（高度急性期，急性期，回復期，慢性期）についても都道府県に届け出が行われ情報が公開されるようになっています。

1-2-2　機能とサービスによる分類

日本の医療体制ではまず診療所と病院との区分が必要と言われてきましたが，医療の地域性や連携を考えると，診療所の入院機能と病院の外来機能を廃止することはなかなか困難でした。多くの民間病院は診療所から病院へと成長発展してきたもので，外来の診療報酬が高めに設定されていたため病院も外来収入に頼った経営を行ってきました。

病院・病床の機能分化は戦後まもなくから必要だと指摘されてきたものでしたが，それが実現するには半世紀以上が必要となってしまいました。高齢者や慢性期疾患の区分として1982年に老人保健施設が創設され，1992年に療養型病床群が定められました。2000年には療養病床と一般病床を区分する届出制度，さらに一般病床を高度急性期・急性期・回復期・慢性期に区分する報告制度が2014年医療法改正で定められています。

地域における連携体制として，救急機能における一次，二次，三次の救急体制や救命救急センター，開放型病床，地域医療支援病院（紹介型中核病院）なども設置されています。さらに疾患別・事業別に地域の連携体制を地域医療計

画に書き込む法改正が2006年に行われています。

　また全ての医療機関が，何らかの臨床教育や研究機能をもつため，そのレベルに応じて機能分担が行われています。特定臨床研究の実施に関わる臨床研究中核病院，高度な研究教育を行う大学病院などの特定機能病院，医師の卒後研修を担当する臨床研修指定病院，その他医療専門職の実習教育を担当する実習病院，地域医療の実践教育を行う診療所などです。

1-3　医療計画

1-3-1　医療計画とは

　以上のように様々な医療施設の種類や機能が存在し，しかも自由開業医制であることから，医療施設や機能の不足や偏在は避けられません。医療サービスは公共的サービスでもあるため，中央や地方の政府が責任を持って計画的に配置すべきであるという主張も生まれてきます。

　しかし医療は公共サービスであるといっても，他の産業整備計画と同じく主体は民間であり，政府はその支援や促進を図るという位置関係でしかありません。一般産業の産業振興政策は規制や規制緩和，融資制度，補助金制度，計画行政あるいは行政指導などによって行われました。厚労省における医療供給政策も同様で，民間医療機関に対して間接的支援や促進を図る行政手法しかとれませんでした。ようやく1985年医療法改正により，病床規制を主たる目的とする地域医療計画が導入されました。

1-3-2　医療計画の歴史と背景

　地域の医療体制をどのように整備するかという構想は，かつては国や自治体の経営する公立病院を中心にして整備するという考え方がありました。しかし敗戦後の財政難もあり民間資金による整備方針に転換されます。しかしこのような市場に任せる医療体制整備は医療費の高騰を招くと批判され，病床規制を前面に出した地域医療計画が1985年から策定されることとなります。その後，

3年ごとの見直しで，基準病床数が削減され，さらに一般病床と療養病床とが区分されるのに伴って病床種別ごとの規制に強化されています。

1-3-3　医療計画の変容

1985年に始まった地域医療計画は，2008年から新医療計画がスタートしたことにより大きく変容することになりました。医療費抑制を主たる目的とする「病床規制」から，「医療体制整備」へとその機能が変化しました。

各都道府県では，2008年4月に新たな医療計画を策定しています。がん，脳卒中，心筋梗塞，糖尿病の4疾病と，救急，小児，周産期，災害，僻地医療の5事業について具体的に連携体制や数値目標などを設定しています。その後2012年の法改正で精神疾患と在宅医療が追加されています。2015年からは地域医療構想を策定し2025年に向けて計画的整備を行うこととなっています。

1-4　超高齢社会に備えて

医療計画と同様に高齢者介護領域でも，超高齢社会に備えて計画的整備が急務となっています。老人福祉計画，高齢者保健福祉計画，介護保険事業計画などがありました。

高齢者ケアサービスの供給体制に関しては，中小医療機関を高齢者ケアや慢性期医療に特化した施設へ誘導していく政策が取られて来ました。1982年には老健法で老人保健施設が創設されました。1984年には特例許可老人病院が導入され，1992年には療養型病床群が一般病床から区分されています。2000年介護保険法により，介護保険で賄われる介護療養病床が制度化されます。2006年には医療費適正化計画に基づく療養病床の再編で介護療養病床廃止が課題となります。高齢者ケアは在宅サービス，サービス付き高齢者住宅（サ高住），グループホームや有料老人ホームなどへ誘導する方向となっています。さらに，団塊の世代が後期高齢者となって超高齢社会を迎える2025年に備え，地域包括ケアシステムを構築することとなっています。

2 医療福祉専門職の育成制度

現代医療は多様な医療専門職によって担われています。政府は医療専門職の資格制度を定め，その育成政策に責任を持つことを求められています。そこで医療専門職の育成政策がどのように変化してきたかを見た上で，特に医師と看護師に関する政策について検討を行います。

2-1 国家資格制度

先進国では医療専門職に関する国家資格制度がほとんどの国に存在します。国家が資格制度によりサービス提供者を規制し，業務独占と名称独占を許可しています。このことは医療保険財政のコントロールにも使えることを意味します。

多くの医療専門職資格が，医師の診療業務や看護師の診療補助業務から分業化され，医療の専門分化・高度化・大量処理化の流れの中で誕生してきました。それぞれの資格法では，業務内容や，養成施設の基準・教育年限・教育科目と試験制度などの資格要件を定めています[6]。しかも最近は専門教育の高度化が顕著です。

2-2 医療専門職の育成政策

医療サービスが医療専門職によって独占的に担われ，資格制度を国家がコントロールするということは，医療従事者の育成に関しても国家が責任を持つことを要請されます。医療専門職の育成政策は医療供給政策の重要な課題となります。具体的には資格法の整備，養成学校の指定と補助金，試験制度などにより行われてきました。

医療専門職の育成政策の課題は，時代とともに変化してきます。まず，医療の近代化にあわせて量的充足を図ることが求められます。医療機関の急速な増

加や，高機能化に伴い多様な医療専門職種の育成が急務でした。その後は質的向上を図ることに重心が移っていきます。教育の高度化や上位資格なども生まれます。最後に医療費抑制のために労働市場への供給に規制をかけることも行われるようになります。

2-3　労働市場における需給調整

　医療専門職の労働市場における需給のコントロールは，専門学校の指定基準・補助金制度や医療機関の診療報酬によるインセンティブなどにより行われました。しかし総量としての需給バランスはとれても個別の需給状況のミスマッチは改善されません。①地域による格差，②診療科別の格差，③規模や公私の格差，④職種間の格差などは改善が困難です。

　しかも制度や政策の変更，診療報酬改定等により需給バランスが崩れ問題が起きる場合もあります。法や診療報酬における必要人員の基準などが変更された場合には，すぐに実施されると専門職の供給が間に合わないため混乱が生じます。

　医師については1970年代に1県1医大構想により医科大学が急増するとその後医師数の抑制政策が必要になりました。ところが臨床研修必修化が実施されると，医師不足や偏在のため地方における医療崩壊の危機が発生してしまいます。そのため再び医師数の増加に政策転換せざるを得なくなります。

　看護師についても，病床規制による「駆け込み増床」が発生し，増床に伴う急激な看護師不足が出現しました。診療報酬改定で新看護基準「特3類」「7対1」などがが導入された時などにも看護師の争奪戦が起きています。

2-4　医師数の抑制政策

2-4-1　供給量規制の根拠

1970年代に救急車たらい回し事件がきっかけとなって，1県1医大構想によ

り医科大学が急増しました。高度成長による大学進学率の高まりとともに医学部の競争倍率が高くなりすぎて開業医の子弟が入れなくなったことも背景にあります。医学部の入学定員は一挙に倍増し8千人以上になります。その結果は、逆に将来医師過剰が発生する可能性を指摘されるようになってしまいます。医師の教育は年限が長く費用もかかるため、医師過剰となっては国民経済的損失も大きいとして政府が調整を行うこととなります。その背景には、単に労働市場の需給バランスという理由だけでなく、もっと大きな理由として保険医療費の抑制がありました。医療費増加の原因として経済学では「医師誘発需要仮説」があり、医師数の増加に伴い医師が自らの所得の減少を止めるために密度の高い診療を行うというものですが検証されているわけではありません。医療費抑制政策の下で医師一人当たりの医療収入が少なくなってしまうことに危機感を覚えた医師会側からの要望もあって医師数の抑制政策が行われることになりました。

2-4-2 医師数抑制の方法

医師数を抑制するためには多くの政策手段が考えられます。
(1) 医学部入学定員の削減

1982年に臨時行政調査会の方針に基づき閣議決定が行われ、1986年に厚生省も医学部の入学定員を10％削減することとしていました。しかし医科大学は文部省管轄で、しかも定員削減は医科大学の経営悪化にもつながりかねないため猛反対を受けます。大学病院の許認可や特定機能病院などに絡んで徐々に進めるしかなく、結果として国立大学では削減が行われましたが、公立大学1％未満、私立大学5％程度の削減となっています。
(2) 医師国家試験

これに対し医師国家試験による供給量の統制は簡単でした。政策の決定も実施も厚生省が単独で行うことができるためです。国試のレベルを引き上げ試験回数も年1回に減らしました。結果的に合格率が90％程度に下がっています。

(3) 臨床研修の必修化

医師の卒後臨床研修を必修化することにより医師国家試験合格者が2年間実習病院に足止めされ，一人前の医師として医療収益を上げられなくなります。厚労省マターであるにも関わらず，文科省，大学病院，臨床研修指定病院なども関係するため調整が困難で政策案の形成から実施まで実に17年もかかっています。厚労省や臨床研修指定病院は必修化に賛成でしたが，大学病院は反対で文科省も冷ややかでした。政策決定が遅れた背景には臨床研修，専門医教育，博士号授与という過程を通して医師に対する大学医局の支配構造や医局員派遣を手段として市中病院に対する支配構造が確立されていたことがあります。その後大学病院が指導医を確保するため市中病院より医師を引き上げたことで，一気に地方や中小私的病院の医師不足が深刻化してしまいます。

(4) 教育年限の延長

医師教育をアメリカのように専門職大学院レベルに上げ，学部教育修了者でなければ受験できないようにする案もありました。しかしこれは文科省マターでもあり実現していません。

(5) 保険医定年制・保険医定数制

保険医の定年制や定数制という方法もヨーロッパでは行われています。保険医資格がなければ実質的に医療が行えないため，定年制や定数制などもアイデアとしてあったものの，医師会の猛反対に遭い厚労省は政策案さえも形成できませんでした。

2-4-3 医師不足による医療崩壊

ところが医師数抑制政策を継続している間に，日本の医師数は人口千人当たり2.2人となって，OECD加盟国平均の3人よりも少なくなってしまいます。医療技術の進歩や予防の必要性など社会のニーズが高まり先進諸国で医師数が増加していたにもかかわらず，日本だけが取り残されてしまったのです。

しかも女性医師が増加し，出産や育児のため職場を一時離れなければならないために，医師不足に拍車をかけることになりました。また医療事故が社会問

題化し医療訴訟も増加したこと，診療報酬の低さなども原因となって産科や小児科をはじめ外科系診療科などの医師離れまで始まってしまいました。

　さらに追い打ちをかけたのが2004年から始まった臨床研修の必修化でした。新しい臨床研修制度では充分な指導体制が必要とされたため，大学病院が地方の病院から指導医となる中堅医師を引き上げてしまいます。こうして地域医療の崩壊が始まってしまったのです。その原因は医師不足とその背景にあった長期的な医療費抑制政策や急激な医療費削減だったのです。

2-4-4　医師数抑制政策の転換

　医学部の入学定員は，1982年に8,360人だったのが，2007年には7,705人に減っていました。地域医療の崩壊が社会問題化し，政府は医師数抑制政策の転換を迫られることになります。2008年には地方大学の定員枠を増やして7,873人とし，2009年には8,645人にまで増やしています。その後2016年度には9,262人に増加しています。医科大学も2校が新設されました。

　しかし，この効果が出るのは10年後でしかありませんし，また何よりも背景にある低医療費政策を見直さない限り根本的な解決は不可能です。医療訴訟に代わる医療事故調査委員会の設置や，産科医療で始まった無過失保険制度などの拡充も必要でしょう。

　医療崩壊を防ぐために，医師の計画的配置が必要だとの主張がありますが，医療専門職を行政が計画的に配置するなどということはそう簡単ではありません。かつての大学医局のように強制的な医師の配置を行うことなど今や不可能になっています。2006年医療法改正で都道府県に「地域医療対策協議会」の設置が義務づけられましたが，医師を計画的に配置する方法としては臨床研修指定病院の指導や後期研修先の指導などに限られ，医師個人に対する義務づけなどは困難です。医師の大都市集中や診療科の偏在などへの対策は，奨学金や診療報酬などでインセンティブをつけることしかありません。

2-5　看護師不足対策

2-5-1　看護師不足の原因

1970年代に医療の近代化や病院の大規模化に伴い看護師の需要が急増し，看護師不足対策が重要な継続課題となりました。しかし，看護師のほとんどが女性であるため，結婚・出産・育児・介護などの家庭環境が大きく影響します。現在210万人の有資格者がいるにもかかわらず，実際の就労者は140万人と言われ，70万人もの「潜在看護師」が存在します。看護の職場の労働条件改善や育児・保育などの支援が必要となっています。

女性の労働市場は景気の動向にも左右され，少子化や女性の職業の多様化なども看護師不足の原因となっています。しかし医療政策や診療報酬によって引き起こされた急激な看護師不足も問題でした。1985年の病床規制の実施に伴う「駆け込み増床」で一気に看護師不足が社会問題化しました。1994年診療報酬改定による看護基準「特3類」，及び2006年改定の看護基準「7対1」の新設は急性期病院における看護力強化の流れの中で再び看護師不足を発生させました。一方介護保険制度により高齢者ケア市場が成長し，看護の職場が拡大されることによってさらに看護労働力が奪われてしまいます。

2-5-2　看護師不足対策

具体的な看護師不足対策としては，労働環境の改善以外に次のようなものが考えられました。しかし，そのためには医療費抑制政策の見直しが必要で，診療報酬により看護に手厚い配分を行わなければ不可能です。

① 看護教育を高度化し専門職としての誇りを持てるようにする。
②「専門看護師」制度などにより，看護師のキャリアアップを図ることによって，就職希望者を増加させ，また定着率を向上させる。
③ 外国人労働者の受け入れにより不足分を埋め合わせる。外国人労働者の受け入れはまだ始まったばかりでその効果についてはまだ評価できません。特に日本語能力や宗教・文化なども関係してきます。

なお2015年より都道府県ナースセンターへの届出制度が始まっています。

3 産業政策としての医療供給政策

医療政策は産業政策としての側面も持っています。医療産業は巨大な雇用を創出していますし，関連する医薬品産業や医療機器産業も国の重要な産業分野です。厚労省以外に経済産業省も医療関連産業分野を管轄しています。産業政策としては中小医療機関の保護・育成と医療関連産業の保護・育成という2つの分野がありますが，医療関連産業に対する政策は「診療報酬」を手段として行われるので第8章で検討します。

ここでは医療供給政策を産業政策としての視点から捉えて検討します。病院・診療所・介護サービスなどで700万人の雇用を生み出しています。医療福祉施設の育成を図るために，法人制度，税制，制度融資，競争規制など多くの政策が実施されてきました。まず多様な開設主体を整理した後，民間医療機関の保護・育成政策について分析します。さらに保険者や企業など市場外部の要請に基づき行われた医療供給市場の構造改革について検討します。また国立病院等の再編や自治体病院の経営改革についても取り上げます。

3-1　多様な開設主体と競争上の不平等

医療施設は開設主体により公的と私的に区分されます。日本の医療供給体制は，公立と私立の施設が混在して市場で競争する「混合経済体制」の典型です。

公的医療機関は医療法第31条により，都道府県，市町村その他厚労大臣の定めるものが開設する施設と定義されています。その他厚労大臣の定めるものとは，済生会，日赤，社会保険団体，厚生連などです。

私的医療機関の開設主体には，医師個人，医療法人，健保組合，医療生協，社会福祉法人，宗教法人，学校法人，財団法人などがあり，また少数ですが株

式会社の経営する病院もあります。医療法人には社団と財団があり，社団には持ち分の定めが有る無しで2種類に分かれていました。

このように同じサービスを提供する施設でありながら，公的から私的まで多様な開設主体が存在し，しかも公益法人の多くは他省庁の管轄で厚労省には法人の監督権限がありません。

多様な開設主体の間には税制や補助金などで競争上の不平等が存在します。例えば法人税では公立病院は無税，公的病院及び社会福祉法人，宗教法人，学校法人，財団法人，特定医療法人などの開設する施設では非課税あるいは軽減税率が適用されます。しかし一般の医療法人は営利企業と同じ税率が適用されます。

また公立病院や公的病院に対しては国や自治体から巨額の補助金が支出され，建物や医療機器の整備が行われています。

3-2　民間医療機関の保護・育成政策

民間医療施設は中小規模が多く経営面でも弱体であるために，中小企業政策と同様な産業保護政策が必要でした[7]。中小企業の抱える問題は，低生産性，劣悪労働条件，経営難，経営不安定性などでいずれも民間医療機関にも当てはまります。産業育成政策では，時代とともに金融，労務対策，業界再編，内需転換，大型店の進出対策などが行われてきました。

3-2-1　法人制度

民間医療機関の健全な成長と永続性を担保するためには法人制度が必要でした。1950年医療法改正により「医療法人制度」が創設されています。医療法人は民法上の公益法人と営利法人の中間的な性格を持ついわゆる「中間法人」として位置づけられました。しかし税法上は営利法人と何ら差がなかったため，後に国税庁の認定する「特定医療法人」が認められます。特定医療法人は，相続税が非課税，法人税に22％の優遇税制が適用されます。また医師一

人でも設立できるいわゆる「一人医療法人制度」が1985年医療法改正で認められています。

一方規制緩和の議論の中から営利企業の参入問題が浮上してきたため，厚労省と医師会は，医療法人の非営利性を強化し，さらに公益性を高めて株式会社の参入を阻止しようとします。2006年法改正で，持ち分の定めのある社団は設立できなくなり，「基金拠出型法人」（出資限度額法人）とさらに公益性を前面に出した「社会医療法人」（非課税）が創設されています。

3-2-2 税制と制度融資

民間医療機関の保護・育成のために法人制度以外に税制上の恩典も用意されました。1954年租税特別措置法に健康保険収入の72％を経費と認める優遇税制が定められました。この制度は診療報酬引き上げ財源が不足したために，政府と日医の取引で導入されたと言われています。しかし不公平税制との批判があり，1978年には廃止になっています。

また病院や診療所など医療施設を整備する目的で「医療金融公庫」が，1960年に設置されました。当時はこのような制度資金を使わないと病院の建設は不可能でした。しかし，医療経営の規模拡大や民間金融機関の資金拡充に伴い利用者が減少してしまいます。1985年社会福祉・医療事業団を経て現在は「独立行政法人福祉医療機構」となっています。

3-2-3 競争制限

民間医療機関の育成と適正配置のために，病床規制や開業規制などの競争制限が産業政策として行われてきました。過当競争による倒産の防止や民間中小医療機関の保護が必要と考えられた時代だったからです。1962年医療法改正により，病床過剰地域で公的病院の病床規制がはじまり，同時に民間についても地域医師会による開業規制が行われるようになります。地域医師会の承認を得られない開業には医療金融公庫の融資も受けられず，業界自主規制が実質的に機能していました。ところが，1970年代に入って大規模病院の進出や病院

チェーンの展開などに対して，もはや医師会が対抗できなくなり，1985年医療法改正で医療計画による病床規制が私的病床にも適用されることになります。病床規制政策は中小企業保護政策そのものだったのです。医療法による病床規制は知事の勧告に止まり強制力がなかったため，その後保険医療機関の指定拒否，国保法等改正も行われています。

診療所と中小病院の保護のために，大病院の外来機能を縮小させる政策も診療報酬改定を通じて行われてきました。大病院が外来を分離する動きが出て各地の医師会と紛争が起きると，厚労省はいわゆる「門前診療所」の阻止を行政指導で行いました。特定機能病院，地域医療支援病院の承認には外来患者紹介率の基準が設けられ，大病院への紹介状なしの外来は保険外負担を徴収されるようになっています。

規制研究では，規制は行政からの一方的なものではなく，むしろ業界の要望により実現されるとしています[8]。

3-3　産業構造改革─類型化・機能分化

1980年代後半には医療供給体制の課題は病院の類型化や機能分化に向かっていきます。病院の種別や機能を分けることにより医療供給市場の効率化と医療費の削減を図ることが目的でした。1992年医療法改正で，まず大学病院のような高機能の特定機能病院と長期入院に対応した療養型病床群とを区分しています。1997年に中核病院を患者紹介率を要件とする地域医療支援病院として区分し，総合病院制度を廃止しました。さらに2000年には短期・急性期病院と長期・慢性期病院を区分する予定でしたが，医師会の反対に遭い療養型病床と一般病床に区分しています。これらの類型化や機能分化に伴ってそれぞれに応じた診療報酬が設定され，誘導とふるい落としが行われてきました。特定機能病院にはその後大学以外からも手が挙がって見直しを強いられ，また地域医療支援病院は紹介率を高めるための外来分離や紹介率の計算方法などが問題となっています。

病床機能分化では一般病床が予想に反して多く残ってしまったため，2014年改正で病床機能報告制度としてさらに細分化されています。

3-4　国立病院等の再編と自治体病院の経営改革

3-4-1　国立病院等の再編

　国立病院等の存在意義や経営方法が社会問題化し，1986年に国立病院・療養所の再編計画が打ち出され統廃合が実施されてきました。2000年の「行政改革大綱」で国立病院や国立大学病院などが独立行政法人化することが定められました。社会保険病院も2002年には独立行政法人年金・健康福祉施設整理機構RFOに出資されその後譲渡先を決定することになっていましたが，2014年独立行政法人地域医療機能推進機構JCHOに改組されて運営が継続しています。労災病院も独立行政法人に移管されています。

　このように国の関与する病院は行財政改革の流れの中で大幅な整理が行われています。独立行政法人は独立して予算編成や職員の採用，組織の改編などが可能となり経営の自律性が確保されることとなりました。経営の自由度の保証とともに財政補助も漸次打ち切られる予定となっています。

3-4-2　自治体病院の経営改革

　自治体病院は全国で約960施設，23万床あり，全病院の11％，全病床数の15％を占める重要な施設です。しかし，今や自治体病院の経営危機が現実のものとなりつつあります。一般会計から多額の繰入金を投入していても，自治体病院の赤字が続きしかも累積していきます。そして自治体の財政難から自治体病院の経営維持が困難となっていました。

　そこへ最後の一撃となったのが医師不足でした。特に地方の自治体病院は，大学医局が臨床研修体制を整えるために医師の引き上げを行った結果，診療体制の継続が困難な状況に陥ってしまいました。

　自治体病院の経営改革の方法には，①経営の統廃合・縮小・廃止，②地方公

営企業法全部適用，③地方独立行政法人化，④指定管理者制度，⑤PFI（Private Finance Initiative），⑥経営譲渡などの方法が考えられます。

しかしいずれの方法も，首長，地方議会，行政職員，労働組合そして住民運動など多くの関係者が存在し，経営上の意思決定を行うことは容易ではありません。病院経営に民間資本と経営ノウハウを活用するとして鳴り物入りで導入された「PFI」も現在までのところ成功例はありません。自治体病院の過大設備投資と高い人件費，そして病院経営を知らない経営人材という問題をまず解決しなければ無理だと言われています[9]。

夕張市の財政破綻がきっかけとなって，2007年に地方財政健全化法が成立しています。2008年度から自治体は，病院などの公営企業も含めた連結決算による財政状況を公表することになり，また累積赤字の一時借入金による処理もできなくなりました。総務省は「公立病院改革ガイドライン」にもとづいて改革を一気に加速させようとしてます。

地方の医療崩壊が叫ばれ，急性期大規模病院への診療報酬の重点配分も行われたため経営改善が一時的に可能となったものの，まだ5割弱の病院が赤字となっています。

本章では我が国の医療供給制度について概観しました。医療計画，医師育成政策，医療供給市場の保護育成から産業構造改革へという産業政策的側面の重要性も明らかとなりました。次章では医療保障の財政的側面と分配制度としての診療報酬について検討します。

（注）
1) 中島明彦『医療供給医政策の政策過程—地域医療計画の形成・決定・実施過程と政策の変容』同友館，2017年。
2) 例えばWorld Health Report 2000.
3) 医療法第8条。なお現在は臨床研修を修了した医師と改められています。
4) 医療法第7条第4項。許可主義と準則主義との中間的位置づけとしています。
5) 池上直巳・J.C.キャンベル『日本の医療』中央公論社，1996年，45-83頁。
6) 医師法（1906年），保健婦助産婦看護婦法（1915年），薬剤師法（1925年），診療放射

線技師法（1951年），臨床検査技師法（1958年）など。
7) しかし最近は民間中小医療機関でも，高齢者ケア領域に進出し老健施設，特養，サ高住，在宅ケア施設などを経営しグループ全体の従業員規模では大企業に匹敵する組織となっているものもあります。
8) 例えば，植草益『公的規制の経済学』筑摩書房，1991年，3-68頁。村松岐夫『日本の行政』中央公論社，1994年，127-141頁。など。
9) 公立病院の経営改革については，以下を参照。武弘道『こうしたら病院は良くなった！』中央経済社，2005年。伊関友伸『まちの病院がなくなる!?―地域医療の崩壊と再生』時事通信社，2007年。

第8章
医療保険制度と診療報酬

　本章では医療保険制度と診療報酬について検討を行います。医療保険制度の歴史について概観したうえで医療保険制度の仕組みについて見ていきます。さらに医療サービスの供給制度と医療保険制度との架橋としての役割を持つ診療報酬について検討します。

1 医療保険制度の歴史[1]

1-1　医療保障制度の3類型

　医療保障制度は，①ドイツ・フランスのような社会保険方式，②イギリス・スウェーデンのような国税方式，③アメリカのような民間保険方式，という3つのタイプに分かれます。

1-1-1　社会保険方式

　医療保険の歴史は，1883年ドイツでビスマルクが労働者の相互扶助制度として「労働者疾病金庫」を創設したのが始まりです。その後，制度はフランスに広がり，日本でも1900年代初めに官立工場の労働者を対象に健康保険制度が始まっています。

　社会保険制度のメリットは保険者の自主的な運営により効率化できることであり，デメリットは保険制度の分立により公平さに欠ける点や医療費の抑制が困難であることなどです。

1-1-2　国税方式

イギリスではエリザベス王朝時代から「救貧法」があったものの，労働者の保険制度はなく，ようやく第二次世界大戦中の1942年にベバレッジ報告でNHS（National Health System）が提案されました。戦後労働党内閣の下でNHS法が成立し国営医療制度が始まります。病院は全て国有化され，病院職員も公務員化され，開業医は政府と請負契約を結ぶといういわゆる「医療の社会化」が断行されたのです。医療保障の財源は全て税金から賄われます。この方式はその後旧イギリス連邦諸国や北欧にも拡大していきます。しかし，1980年代に入ると，サッチャー政権のもとで大幅な見直しが行われ，病院は独立法人化してNHSトラストとして運営されるようになります。

この制度のメリットは医療費のコントロールが容易なことですが，デメリットは予算不足になるとサービスの質や量が制限されること，公務員の給与が低いことを嫌って医療専門職の海外流出が多いこと，サービスが悪く非効率なことなどです。イギリス医療の最大の問題は「入院待ち患者Waiting List」の存在です。しかし多くの制度的欠陥を指摘されながらもNHSは国民から圧倒的支持を受けており，「鉄の女」と言われたサッチャーでさえも社会保険制度への移行だけは断念せざるを得ませんでした。

1-1-3　民間方式

先進諸国のうちで唯一アメリカは自由診療体制で医療費用も民間保険によって賄われています。この制度のメリットは保険者機能が発揮され医療費の増加を防げることだと言われますが，皮肉にもアメリカの医療費は世界でも群を抜く高さです。GMやフォードの経営再建問題で最大の課題は医療保険費用の削減だと言われたくらいです。しかも4,500万人とも言われる保険未加入者が存在していました。何度か公的医療保険制度の導入が検討されたこともありましたが，「医療の社会化」に対する反対のため実現しませんでした。

ようやく1965年ジョンソン政権時代にメディケア・メディケイドが成立し，また2010年オバマケア法が成立し懸案だった無保険者のための対策が取られ

ています。

1-2　日本の医療保険制度の成立と発展

では日本の医療保険制度の歴史をいくつかの時代に区分して考えてみることにしましょう。

1-2-1　戦前の医療保険制度

ドイツで生まれた社会保険制度の目的は，良質な労働力の再生産にありました。日本でも同様に1900年代に八幡製鉄所などの官立工場で労働者による共済組合が作られ，次第に広まっていきます。1922年には農商務省の所管で健保組合と政府管掌保険からなる健康保険法が成立し，その後内務省に社会局が設置されて1927年に実施されます。1929年には各道府県警察部に健康保険課が設置され労働・衛生行政は警察行政として実施されました。1938年には厚生省が設置され，農村を対象にした国民健康保険制度も成立します。日本の医療保障制度は戦争が生み育てたプラスの遺産だったとの評価もあります[2]。しかし，時代はすでに戦時体制に入っていました。良質な労働者の再生産という目的から，全体主義国家としての総動員体制に奉仕する目的にすり替えられ全く異なったものとなっていました。

1-2-2　戦後の国民皆保険制度の成立と発展

敗戦後の日本国憲法は社会保障及び公衆衛生の向上・増進を国の責任として明確にします。国民経済の復興に伴い崩壊状態となっていた社会保険制度も再建されました。「55年体制」のもとで，1958年新国民健康保険法が成立し，1961年に国民皆保険が実現されました。

その後1960年代半ばまでに給付水準・給付内容などが改善されていきます。一方皆保険化により保険医療費も急増することになりました。1973年健康保険法改正により国庫負担の導入や家族給付の引き上げ，そして「老人医療費の

無料化」が実現しました。田中内閣により多くの改革が実施された1973年は，「福祉元年」と呼ばれたのですが，支えとなっていた経済成長がオイルショックの直撃を受けることになります。

1-2-3　医療費抑制政策の始まり

老人医療費無料化により国民医療費が急増し，また年金の大幅改善により社会保障給付費も増大します。健康保険，国鉄，米が財政赤字の「3K」と呼ばれるようになり，大平政権では財政再建と行政改革が政治課題となります。1981年鈴木内閣は「第二次臨時行政調査会」を発足させ医療費の抑制，受益者負担の導入，給付格差の是正などを内容とする「活力ある日本型福祉社会」を提言します。

第二臨調・行革をバックに中曽根政権はサッチャーやレーガンと同調して自由主義的改革を推し進めました[3]。1982年より予算制度に「マイナス・シーリング」が実施され，厚生省は医療費の抑制を実施せざるを得なくなります。以後長期にわたる医療費抑制が継続することになりました。

1-2-4　高齢社会への対応

医療費抑制政策は来るべき高齢社会への準備だと説明されました。1982年老人保健法が成立し，①老人の診療報酬の包括化による抑制，②老健施設・老人病院を急性期医療と分離したことに加えて，③保険者間の財政調整も含まれていました。健保法改正で健保本人の窓口負担が始まります。財政調整や窓口負担の統一などは医療保険制度の一元化への布石となっていきます。1997年には介護保険法が成立し，老人医療と老人福祉サービスの統合が図られます。介護保険制度には医療保険の運営で学習されたノウハウがビルトインされていました。①市町村を保険者とする地域保険とし運営責任を地方に負わせること，②利用者自身がサービスを選択することにより質の向上が図られること，③施設サービスから在宅重視へ，④多様な事業者の参入により市場競争を導入すること，⑤ケア・マネジメントを導入し過剰なサービスを排除すること，⑥

保険外の上乗せ・横出しサービスなど混合給付を同時に行えることなどでした。

2006年医療制度改革関連法案の成立により，2008年度から後期高齢者医療制度が実施されました。しかし，この法律は実施過程において様々な問題が噴出し一部地域医師会からボイコットの動きまで出てしまい，政府は見直しをせざるを得なくなってしまいます。民主党政権下では制度の廃止も検討されましたが，再度の政権交代で見直しで終わっています。

1-2-5 医療費抑制政策の行き詰まり

なおこの間にも医療費抑制のための政策が継続して実施されてきました。診療報酬改定は2002年に初めて診療報酬本体の引き下げが行われ，2003年介護報酬改定では施設サービスの点数も引き下げられています。続いて2006年の診療報酬・介護報酬同時改定でも大幅な引き下げが断行されました。衆院選圧勝を背景に小泉政権は，「骨太方針2006」により聖域なき改革として，社会保障費自然増について5年間で1兆1千億円の削減方針を決定し実行に移します。

しかし，2007年には地域医療崩壊の危機が明らかになって，医療費抑制政策をこれ以上継続することは不可能になってしまいます。地域医療の危機が社会問題化した直接の引き金は，臨床研修必修化に伴う地方の医師不足や診療科偏在でしたが，その根本原因は1980年代から続いた長期にわたる医療費抑制政策と2002年からの急激な医療費削減でした。

その後医療費費抑制政策の方向転換が行われ，主に勤務医対策を中心とした大規模急性期病院への傾斜配分が行われています。

2 医療保険制度の仕組み

第2節では，医療保険制度の仕組みを分析します。医療保険の種類と保険者，給付内容と方法などを見た上で，医療保険の課題として，医療費の増加問題，高齢社会に対応する保険制度，そして最後に医療保障の財源問題の検討を行い

ます。

2-1 医療保険の種類と保険者

2-1-1 保険者・被保険者

日本の医療保険制度は多くの制度が分立し,制度間で保険料率や給付内容,自己負担額などに格差がありました。しかも強制加入で,国民が制度を選択できないために不公平感が存在したのです。

医療保険制度は職域保険である被用者保険・自営業者保険と,地域保険である市町村国民健康保険に分かれます。被用者保険は政府管掌健康保険と組合健康保険に分かれます。政府は政府管掌健康保険を運営する最大の保険者でもありましたが,2008年より全国健康保険協会（協会けんぽ）として公法人化され,都道府県ごとに運営ができる団体に再編されています。ほかに特定被用者保険として船員保険と共済組合があります。これらの保険制度にかぶせる形で老人保健制度,介護保険制度と退職者医療制度が存在します。また75歳以上の高齢者に対して独立した制度として後期高齢者医療制度が設けられ,2008年度から実施されています。後期高齢者医療制度の保険者も都道府県単位の広域連合となっています。

被保険者は本人とその家族（被扶養者）です。被用者保険では被用者は定年退職後は国民健康保険に加入するか被用者保険の被扶養者となります。その結果,国民健康保険の高齢者比率が高くなってしまい国保の赤字増加につながってしまいます。

2-1-2 保険者の役割

保険者の役割は,被保険者から保険料を徴収し,被保険者が医療機関に受診した場合にその医療費を支払うことにあります。被用者保険の場合には雇用主が保険料を負担していますし,国保の場合には市町村や国が負担や補助を行っています。

保険者には財源の許す限り自主運営が認められています。一部負担の軽減や付加給付，福利厚生事業なども行えることになっています。しかし，健全財政を誇った健保組合も，老人保健制度で導入された拠出金による財政調整と経済の長期的停滞で財政が逼迫してきます。さらに2008年度からの後期高齢者医療制度の支援金が健保組合財政を圧迫し組合の解散が急増することになってしまいました。

保険者側からは，保険者機能をもっと強化すべきだとの主張も行われてきました。保険者機能の強化や医療機関の選択のためには，医療情報の非対称性をいかに改善するかということが問題です。インフォームド・コンセント，カルテ開示，医療情報の開示などが求められました。

2-2　給付内容と方法

保険給付とは，被保険者が疾病や負傷などにより医療機関を受診したときに，保険者が定めた基準によって医療費の支払いをすることです。給付率は保険者によって異なっていましたが，2003年より格差が解消され本人・家族ともに原則7割給付（3割負担）となっています。高齢者については1割負担でしたが，現役並み所得者は3割負担に変更されました。

医療保険による給付の対象は，診察，薬剤または治療材料の支給，処置・手術その他の治療，在宅管理，入院，その他療養のための世話及び看護と定められています[4]。予防や美容などは対象外となっています。介護保険では予防給付が大幅に認められており，また2008年からは，特定健康診査（いわゆるメタボ健診）と保健指導が保険者に義務づけられています。

2-3　保険医療機関・保険医

保険診療は，保険医療機関で，保険医によって行われます。保険医療機関の指定と保険医の登録を別々に行うことを「二重指定制」と言います。二重指定

制は健康保険法上の処分を保険医療機関と保険医とで別々に行えるようにして効果を持たせるためだと言われています。同様の目的で介護保険でも2006年から「連座制」が定められています。

保険医療機関の指定は都道府県保険審議会の審査を経て認められることになっています。内容の不適切な場合，人員の不足する場合や医療計画における病床過剰地域では認められない場合もあります。

2-4 医療保険の課題

2-4-1 医療費の増加

医療費の増加は日本に限らず，先進諸国に共通する重要な課題となっています。日本の国民医療費は，毎年1兆円増加し，2014年度には40兆円を超えています。しかし，経済規模に比して決して高いとは言えず[5]，また伸び率でも先進国中で最低となっています。

医療費の増加要因としては一般的には，人口高齢化，疾病構造の変化，医療技術の進歩，医療情報の普及，供給過剰，医療の無駄遣いなどがあげられていますが，必ずしも明らかではありません。情報の非対称性があり，供給者と消費者が対等ではないこと，需要の価格弾力性が小さいことなど市場が合理的に機能するための前提とはあまりにも異なっています。

2-4-2 超高齢社会に対応する医療保険制度

医療費の増加要因に高齢者の社会的入院などが指摘されたため，介護保険制度の創設，医療施設の機能分化が行われ，老人保健施設，老人病院，療養型病床群，療養病床の区分などが行われています。介護保険では施設サービスから在宅サービスへのシフトがますます進行しています。さらに2008年度に始まった後期高齢者医療制度により，医療保険制度は超高齢社会に備えた新たな段階に入ろうとしています。制度の実施と同時に高齢者の不満が噴出し，年金制度に対する不信とあいまって高齢者層の政治的支持を失う可能性まで出てし

まいます。その後民主党への政権交代で廃止案も出されましたが，再度の政権交代により結局見直しで終わっています。

2-5　医療保障の財源

2-5-1　保険料の負担

　医療保障の財源は基本的には保険料ですが，保険料がどのように負担されているかは制度によって異なります。被用者保険では使用者と労働者が折半します。全国健康保険協会（協会けんぽ）の保険料率は都道府県により差があり2016年度では9.83〜10.33％となっています。また2003年からボーナスも含めた「総報酬額」に対して保険料がかけられるように変更されています。被用者保険では雇用主も保険料を負担しており，従業員の保険料も雇用主負担分も最終的には人件費として製品やサービスの価格に転嫁せざるを得ません。そのため，国際市場で競争しなければならない産業分野では医療費コストが製品の競争力を左右することになってしまいます。

　失業者の増加や定年退職は被用者保険から地域保険である国保への移動を意味し，国保の赤字につながります。結局国保では，赤字の補填のために国庫と市町村の一般会計から繰り入れが行われています。協会けんぽや国保の赤字が急増すると政府の一般財政からの補填が必要となり，政府予算の制約が診療報酬の改定財源の最大の制約条件となってしまいます。

2-5-2　保険財源・社会保障財源の枯渇

　協会けんぽ，国保の運営は政府や地方自治体の予算に依存することとなってしまいます。また健保組合も老人保健制度，介護保険制度による財政調整に加えて，後期高齢者医療制度の支援金の負担で，もはや独立した運営が困難になりつつあります。景気の後退や不況は，一気に医療保険財源の枯渇につながることになります。

　医療費の増加と保険料収入の減少により医療保険制度が大きな制約を受ける

ことに加えて，国の社会保障財源全体の制約が生まれつつあります。医療保険財政の赤字補填も国の社会保障予算の中でやりくりするしかないのです。他の社会保障財源が不足すると医療保障予算が制約を受けてしまいます。

このため新たな目的税により社会保障財源の枯渇に対応しようとする考え方も生まれ，細川政権時代の幻の「国民福祉税」構想など消費税の目的税化が検討されました。ようやく2012年に社会保障と税の一体改革法が成立し，消費税の段階的引き上げと目的税化が決定されました。しかし経済状況の回復が鈍く消費税率の引き上げは予定通りには進んでいません。

3 診療報酬

医療費の分配制度である診療報酬について概観し，その機能について検討します。診療報酬が単なる医療費の分配制度に止まらず，医療供給政策と医療保険政策の架橋となる重要な政策手段であったことが明らかになります。最後に診療報酬が医療関連産業保護政策としてどのような役割を果たしたかも分析します。

3-1　診療報酬の支払方式

医療保険料として被保険者から徴収された保険財源から，保険医療機関の請求に基づき支払われるのが診療報酬です。診療報酬の支払方式には，①人頭払い，②出来高払い，③包括払いという3つの方式があります。日本は基本的には出来高払い方式ですが，現在では人頭払いや包括払い方式も取り入れられた複合方式となりつつあります。

3-1-1　人頭払い

人頭払いはイギリスの登録医に支払われる制度で，「登録者数×1人当たり予算」によって算出されます。登録医は年間予算が決められているため，でき

る限り診療費を使わない方が利益が出ます。逆に予算を使い切ると必要な医療もできなくなってしまう可能性があります。予算執行の確実性が高く医療費抑制には効果的ですが，サービスの質が低下する危険があります。日本でも戦前の医療保険制度発足当初に行われたことがあります。

1999年末から2000年始めにかけてイギリスで発生したインフルエンザによる医療危機の原因は，スコットランドで年度予算を使い切ってしまい高齢者に予防接種ができなかったことが引き金となりました。ブレアー政権は医療費予算をEU並みに大幅に引き上げることを公約せざるを得ませんでした。

3-1-2 出来高払い

出来高払いは，「医療行為単価×回数」によって算出されます。多くの患者さんを診察し，診療行為を行えば行うほど収入が増加します。医療サービスの供給側にインセンティブが働くため，医療供給体制が不足している場合には非常に効果的でした。国民皆保険の実施に伴い充分な医療体制を整備することが医療供給政策上まず要求されました。意欲のある医師にインセンティブを与え，診療所から病院に成長できるように支援する制度が必要でした。

しかし逆に供給過剰を生む危険も内包していました。薬価差もあったため過剰投薬が批判され，検査漬けとの批判も出されました。不必要な入院や長期入院の原因とも批判されました。この結果，包括化や逓減制などが取り入れられてきます。

3-1-3 包括払い

包括払いは，1人・1疾病・1回入院当たり単価を決めてしまうという方法です。アメリカにおけるDRG/PPSやHMOのマネージド・ケアと呼ばれる支払制度があります。

日本でも，疾病ごとに1日当たり入院単価を決める「DPC」が大病院を中心に導入されています。日本のDPCは1入院期間単価ではなく1日当たり単価であること，導入を促進するために調整係数という緩和措置が取られたこと等か

ら，逆に点数引き上げとなったとも言われています。しかし，2006年診療報酬改定では調整係数の一律引き下げが行われ，今後は調整係数が廃止される方針が決まっています。

　以上のようにそれぞれの支払方式にはメリットもデメリットもあります。そのため3つの支払方式を組み合わせて行うようになっています。いずれにしても医療供給側，医療需要者，保険者の全てに満足を与える方法を見つけ出すのは困難でそれぞれが譲歩するしかありません。

3-2　診療報酬の機能

　診療報酬は，医療費を各医療機関・医療専門職や各医療行為ごとにどのように配分するかという分配制度です。分配制度としての診療報酬にはいくつかの着目すべき機能があります。すなわち①価格統制，②診療統制，③経済誘導，④医療供給政策のツール，そして⑤医療関連産業保護政策です[6]。

　第一の価格統制機能とは，全国どこの医療機関でも同じ医療行為に対しては単一の公定価格でしか請求できないということです。第二の診療統制とは，診療報酬点数表に記載された医療行為や薬価に収載された薬剤しか保険診療としては認められないということです。第三は医療機関の経営努力を促すインセンティブとしての経済誘導機能です。特に医療体制の整備に当たっては出来高払い制度が大きな役割を果たしました。第四は医療供給政策を実現するための政策手段としての機能です。診療報酬は医療供給体制の整備と医療費抑制のための供給規制の手段としても用いられました。第五は中小医療機関や医療関連産業の保護・育成という産業育成政策としての機能です。医薬品や医療機器産業も保険医療で使用されるため薬価や診療報酬に依存しています。

　では以下で第一から第五までの機能についてさらに詳しく見ていきます。

3-3　価格統制

3-3-1　公定価格の根拠

　医療サービスの価格は診療報酬という公定価格制度により規制されています。市場における需給バランスによって価格が決まるというのが市場経済の原則ですが，医療サービスにおいては，情報の非対称性という市場特性と社会保障制度であることから国が価格を決定します。

3-3-2　公定価格の仕組み

(1) 点数と単価

　診療報酬は行為別点数と単価で決まります。しかし単価は現在1点10円に固定されています。点数と単価に分解したのは点数と単価を別々に改定するためで，点数は当初は診療行為の難易度や新技術としての評価，材料や労働時間などの原価，医療機器の償却費などから計算されました。単価は物価の変動に応じて一律に操作するためでした。ところが物価スライドにより単価を操作することは理解しやすい制度であったものの，物価上昇が直接医療費の増加につながってしまうことや，医療側からの引き上げ要求もしやすいことなど厚生省や保険者にとっては都合の悪いものでした。そのため1958年以降1点単価は10円に固定されたままで，その後の診療報酬改定は個別点数の操作によって行われてきました。その結果は点数制度のゆがみや複雑化の原因となってしまいました。

(2) 地域差

　診療報酬点数は基本的には全国統一価格なので，患者さんにとっては公平ですが，医療供給側から見ると土地代や人件費に地域差があり逆に不公平となります。当初は都市部と地方とに単価の地域差がつけられていたのですが，1963年に都市部の単価に統一されています。その後1994年に「入院環境料」に地域加算がわずかですが復活しています。

(3) 病診格差

病院と診療所との間にも「甲・乙2つの点数表」が存在しました。甲表は主に大病院向けとされ，乙表は診療所や中小病院向けとされていました。しかし甲・乙2表の導入時に日本医師会の強い反対があり，医師会員には乙表を選択するよう日医から指示が出されています。その後次第に2表の差がなくなっていき，1994年には一本化され，代わりに病院と診療所では外来や入院基本料で差がつけられました。しかし病院の外来診察料が診療所より低く設定されたため矛盾を生み出します。その後外来診療料は初診料が2006年に，再診料は2010年に統一されています。

3-4 診療統制

3-4-1 制限診療

診療報酬には，点数表に記載された医療行為や薬価に収載された薬剤しか保険診療としては認められないという診療規制の側面があります。保険医療養担当規則で定められています。医療保険制度の始まった当初は使用できない薬品も多かったのですが，その後「制限診療の撤廃」が行われていきます。しかし近年，厚労省は，新しい医療技術をすぐに保険適用することや新薬を保険収載することについては慎重になっています。医療安全上の責任もありましたが，医療費抑制という視点も考えられます。

3-4-2 混合診療の禁止と特定療養費

保険診療と自由診療を同時に行うことは禁止されていました。いわゆる「混合診療の禁止」です。その理由は，情報の非対称性の問題と弱い立場の患者さんがサービスの押し売りをされないようにするためでした。

1984年に，それまで例外として通達で認められていた病室の差額料と歯科材料が「特定療養費制度」として認められました。しかし混合診療禁止は規制緩和の流れの中で大きく揺れることとなり，2003年には入院中の予防接種が

認められ，2005年には新薬の適応外投与や制限回数を超えた診療などに拡大されています．

3-4-3 保険外併用療養費と高度医療評価制度

その後規制改革会議から混合診療の解禁が求められたため，特定療養費制度は2006年法改正により，「保険外併用療養費（評価療養・選定療養）」に再構成されました．評価療養は未承認の技術や薬品で治験中のものでいずれ保険導入をねらうものとされ，選定療養とはいわゆる差額ベッドや予約診療などで患者さんが選択可能なものとされています．

その後，2007年東京地裁判決で，混合診療の禁止は法的根拠がなく違法との判示が出されました[7]．さらに厚労省は2008年に未承認薬等を使う先進医療も保険外併用療養費の対象とする「高度医療評価制度」を創設しています．

3-4-4 審査制度

保険診療が適正に行われているか，及び保険請求が適正に行われているかを審査する制度が必要でした．毎月のレセプト審査が支払基金，国保審査会，保険者等で行われています．保険者はレセプトの一次審査を支払基金などに委託しなければならないとされています．

レセプト審査を通じて医療内容や請求事務に問題があるような医療機関に対しては集団指導・個別指導などが行われています．

審査や指導の内容に恣意性が入る可能性や，都道府県により扱いが異なる場合があることも指摘されています．しかも指導に従わない場合に懲罰的な大量のレセプト返戻や減点が行われることもあると言われています．

3-4-5 競争制限

診療報酬の診療統制機能は，市場における競争制限や談合にもつながる危険が指摘されています．仕切られた市場で，しかも限定された商品やサービスを購入する場合には購入者側にとって価格交渉は不利になります．薬品・医療機

器メーカーや納入業者間で談合が行われているのではないかと疑われる事例もあります。診療報酬により業界参入規制が行われてしまった例として、「基準寝具」があります。新規に参入する場合には、必ず既存業者を緊急時の依頼先として委託契約を締結することが義務づけられていました。1994年にやっと廃止になっています。

3-5 医療供給政策のツール

3-5-1 「機動性」と「地ならし」効果

診療報酬と医療供給政策の関係は、医療供給政策がまず決定され、その方針に従って診療報酬が改定されるというのが原則的な考え方です。しかし、これは現実の政策過程とは異なっています。むしろ診療報酬改定のほうが「機動性」があるため、先に診療報酬改定によって多くの実験や試行、経済誘導などが先行し、医療供給政策決定のための「地ならし」が行われてきました。長期入院の逓減制や看護基準による格差などが、病院の機能分化を促進し医療法改正のための下ごしらえを行っています。

3-5-2 「追い込み」効果，「手あげ方式」とペナルティ

さらに新たな医療政策の実施過程では、医療機能分化政策で行われたように診療報酬が制度の仕切りに「追い込む」役割を果たしています。診療報酬による経済的インセンティブを用意すること以外に、医療機関に複数の選択肢（基準）を提示し自由に選択させるいわゆる「手あげ方式」が効果を上げています。当然に診療報酬も対応しており、低い基準を選択すれば点数も下がってしまいます。

3-6 医療関連産業保護政策

診療報酬は中小医療機関の保護育成以外に、薬価，特定医療材料，手術・処

置料，検査料などによって医療関連産業の保護育成政策のためにも利用されてきました。

3-6-1　薬価の機能

薬価制度は薬品メーカーの保護・育成に重要な役割を果たしました。保険医薬品の市場は10兆円を超えると言われ，新薬の承認制度，薬価制度などを通じて産業保護政策がとられてきました。しかし今日では逆に医薬品メーカーの国際競争力を奪う結果になったとの批判も出されています。

最近では医療費抑制のためにジェネリック薬品が取り入れられており，2006年，2008年の診療報酬改定で処方箋様式が変更になり，原則ジェネリック薬品の使用となるように改められています。ジェネリック薬品の普及は一方で薬品メーカーの新薬開発力を奪うことにも繋がります。

3-6-2　薬価差益

薬価が全国統一の公定価格となると，必然的に薬価差益が生まれてきます。購入側のバイイング・パワーに差があるため当然です。また薬価差益を増やすため高価な新薬を多用するという弊害も生まれたと批判されました。現在では薬価は「加重平均値＋消費税＋調整幅（2％）」に改定されており，ほとんど薬価差は無くなっています。

3-6-3　医薬分業と門前薬局

医薬分業とはかかりつけ薬局が病院から発行された処方箋により調剤と服薬指導を行うもので，とくに患者さんの薬歴管理を行うことにより重複投薬や相互作用の防止ができる点が強調されています。

医薬分業制度は1956年に決まったものでしたが，医師の投薬も認められ薬価差が技術料の補填をしていたため普及には至りませんでした。1976年に院外処方料が引き上げられ，薬価差もなくなってきたため急激に院外処方が増加してきています。しかし，医療費抑制に名を借りた中小保険薬局の保護・育成

政策だったのではないかとの見方もあります。また医薬分業に名を借りた門前薬局防止のための規制や調剤報酬カットも行われています。

3-6-4　検査料・医療材料など

　超音波，内視鏡，CT，MRI，PET等の検査料の設定も検査機器メーカーに影響を与えます。我が国ではCTの普及率が高いのが特徴ですが，開発当初に高めの点数設定が行われたため普及し，メーカーも技術力を高めることができたと言われています。その後点数は徐々に下げられ，回数による逓減制なども実施されています。手術に使用される特定医療材料等では輸入品に高額な価格が設定され内外価格差が問題になったこともありました。

　このように診療報酬は医療関連産業の保護育成にもきわめて重要な役割を果たしています。

　本章では医療保険制度と診療報酬について概観しました。我が国は超高齢社会を迎えようとしてますが，医療保険制度でコントロールできる保険料率，患者の窓口負担，保険者間の財政調整などについては，既に政策手段を使い切って限界に来ています。残るは診療報酬の効率的な配分と医療供給市場の構造改革しかありません。次章では医療費抑制政策についてさらに分析を深めます。

(注)
1) 本節は元名古屋市立大学大学院経済学研究科教授上村政彦先生に多くを依拠しています。記して感謝します。上村政彦（編著）『改定・社会保障論』みらい，2001年。
2) 吉原健二・和田勝『日本医療保険制度史』東洋経済新報社，1999年，92-108頁。
3) この時期の医療保険制度改革に関しては多くの研究があります。早川純貴・山口祐司・田付晃司「21世紀の医療保険は展望できたか―健康保険法改正をめぐる政治過程」『阪大法学』140，1986年。加藤淳子「政策決定過程研究の理論と実証―公的年金改革と医療保険制度改革のケースをめぐって」『レヴァイアサン』8号，木鐸社，1991年。大嶽秀夫『自由主義的改革の時代―1980年代前期の日本の政治』中央公論社，1994年，143-161頁。など

4）健康保険法第63条。
5）2012年度で総医療費の対GDP費10.3％でOECD加盟国中10位となっています。高齢化率はG7諸国中1位です。
6）詳しくは中島（2007）351-363頁。
7）2009年控訴審判決では国側の逆転勝訴となっています。

第9章
医療費抑制政策の政策過程

　本章では近年の医療政策を医療費抑制政策として捉え，政策が形成・決定・実施されていく政策過程を分析します。従来の制度を所与のものとしてその対応策を論ずるのではなく，政策過程に着目することによって，医療経営の側から医療政策へアプローチを可能とするためです。そのために政治学・行政学的分析が必要となります。経営学の立場からは外部環境をマネジメントするという考え方です。このような「組織 → 制度」アプローチは，著者が永年にわたって医療経営に携わってきた経験から，経営内部をマネジメントするだけでは医療経営をよくすることはできないと痛感したからです。

　第1節では医療費抑制政策の分析方法について考えます。第2節では医療費抑制のための医療供給政策を分析します。第3節では医療費抑制のための医療保険政策の分析を行い，最後に制度や政策をマネジメントするために必要な政策過程モデルを提示します。

1 医療費抑制政策の分析方法

1-1　医療費抑制政策の背景

1-1-1　医療費増加のメカニズム

　先進諸国の全てが医療費の増加に悩まされています。日本の国民医療費も2014年度には40兆円を超えています。増加の原因には高齢者の増加や医療技術の進歩があるといわれています。しかも日本の場合には高齢化の進展が急速であるという特徴もあります。しかしその原因については経済学的には必ずしもはっきりしているわけではありません。医療サービスは緊急性や必需性を伴

うため価格弾力性が小さいと言われ，また患者さんがサービスの需要を決定するのではなく，価格も医療保険制度で定められているため医療サービスには「市場」がないとも言われます。しかも医療保険制度は第三者払い制度であるため患者さんに負担意識が薄いことも関係しています。

1-1-2　医療保険財源の制約

　高齢者が増え，新しい医療技術が開発されることが医療費の増加につながるとしてもそれ自体は国民福祉の向上という観点からは悪いことではありません。しかし，問題は医療保険財源との関係にあります。医療保険の財源は患者さんが3割の負担をするほかは被用者保険であれば労使折半，国保であれば地域住民と自治体・政府の財政負担などで賄われています。ところが長期にわたる経済の停滞により保険料収入は減少し，しかも政府や地方財政の悪化により社会保障費用の削減をせざるを得なくなってしまいました。しかも人口構造の予測からはさらに長期にわたる社会保障財源の不足が考えられます。

1-1-3　市場の失敗と政府の失敗

　医療福祉サービスの市場においてなぜ規制が必要なのかについては，経済学における「市場の失敗」によって説明されています[1]。市場の失敗の理由として挙げられる6つの理由のうち主として「情報の非対称性」が強調されていましたが，それ以外に医療サービス市場では参入障壁など競争の失敗，高度医療など公共財，安全対策などの外部性，特殊疾患や僻地医療など不完全な市場，景気後退と不況など全ての項目が当てはまってしまいます。そのため政府による市場の規制が必要だということになります。

　しかし政府の規制も万能ではなくむしろ失敗も数多く見られます。マスメディアもサービスの受け手が社会的弱者であり，サービス自体が生命や生活に関わること，サービス提供者が医師など専門職であることなどからその失敗を過剰に報道する傾向もあります。

1-2 医療政策の分析方法

　医療政策を分析していくためには，医療供給政策と医療保険政策とに区分して見ていく必要があります。両者の違いを表9-1で示してあります。

表9-1　医療保険政策と医療供給政策の比較

	医療供給政策	医療保険政策
<政策課題>		
目　標	医療供給体制の整備	医療保険財政の長期的安定
戦　略	自由開業医制・自由なアクセス	医療費抑制，財源確保
政策類型	産業保護（中小医療機関保護）計画行政	需要抑制・供給規制・価格統制 制度間格差是正（公平化）
<顧　客>		
直接顧客	医師会	保険者，医師会
究極顧客	患者，地域社会，保険者	被保険者，患者
<政策過程>		
アリーナ	サブアリーナ	トップアリーナ
対立軸	医療専門職vs非専門職	保険官僚vs健保連vs日医
中央・地方関係	決定は中央，実施は地方レベル	決定，実施ともに中央政府
政策コミュニティ	医系技官と医師会からなる専門職政策コミュニティ	保険官僚とOB
<アクター>		
主　役	医系技官，医師会	厚労省，保険者，医師会
脇　役	自民党，保険官僚，野党，健保連，病院団体	自民党，野党
厚労省内の管轄担当者	医政局（健康政策局）医系技官	保険局 保険官僚（事務官）

＊vsは対抗関係を表す。
出典：中島（1999，2001）を一部修正

　政治学ではアクターとは政策に影響を与える利害関係者，特に業界団体，政治家，官僚，専門家団体，労働組合などをいいます。アリーナとは政策が形成・決定・実施される場を言います。
　医療供給政策の目標は，良質な医療サービスの供給体制を充分に整備することです。直接の政策対象は医療供給側である医師会や病院団体です。医療供給

政策のアリーナは，国会で華々しい論戦が行われるというようなトップアリーナではなく，厚労省内における政策形成段階で医療業界との調整が終了しておりサブアリーナ又は下位政府で実質的には決定されています。医療供給政策に登場する主なアクターは日本医師会と厚労省医系技官です。脇役として分立する病院団体，政党（与党・野党・族議員と医系議員）健保連なども参加します。しかし主役はあくまでも専門職としての医師です。

　医療保険政策の目標は，国民がお金の心配なく安心して医療サービスを受けられるように医療保険制度を安定的に運営することです。医療保険政策の直接の政策対象は保険者と医師会です。医療保険政策の政策案は医療供給政策とは異なり常に政治のトップアリーナで争われてきました。保険料率引き上げ，患者一部負担の導入などは国会審議がストップする事態がたびたび見られ，一国会期間中に通過することなどまれでした。登場するアクターは厚労省，健保連などの保険者，医師会の三つ巴の争いと言われます。

● 2 医療費抑制のための医療供給政策

　医療費抑制のための医療供給政策は，サービスの供給量や市場効率化のための規制として行われました。サービスの供給量規制としては，医師数と病床数の増加を防ぐこと，医療機関の類型化・機能分化・体系化を推進することなどにより実施されました[2]。医師数の抑制については第7章で検討しました。ここでは医療施設に対する規制政策を中心に見ていきます。病床規制は供給量規制そのものですが，その後の類型化・機能分化・体系化は市場の効率化と診療報酬による誘導とふるい落としを進めるためでした。本書では戦後の医療供給政策の変容を6つのケースに整理して比較します。

2-1　医療供給政策の政策類型

　医療供給政策の政策案には以下に示すように三つの側面があります。産業政

策はさらに産業保護政策と産業構造改革に区分できます。
(A) 産業政策：(A1) 産業保護政策，(A2) 産業構造改革

　産業政策的側面であり当初は民間の中小医療機関の保護・育成を目的としていました。市場の成熟とともに大病院やチェーン病院に対する参入規制を目的とした病床規制が行われます。さらにその後市場の効率化のための産業構造改革として類型化・機能分化政策が登場します。

(B) 計画行政

　公衆衛生政策としての行政政策的側面で，諸外国でも病院整備計画がみられます。他の産業分野でも計画行政が行われていますが，あくまでも事業者の同意を原則とする行政指導です。しかし医療計画はこれらと異なり公共政策としての規制的側面を持った計画行政でした。その後疾患や事業別に整理する体系化政策も登場します。

(C) 財政政策

　医療費抑制を目的とした財政政策的側面で，具体的には供給量規制（病床規制）となります。しかし産業構造改革としての類型化・機能分化でもそれに対応した診療報酬が設定され医療費抑制が行われています。また医療費適正化計画では介護療養病床廃止といった過激な政策案も提示されます。

2-2　地域医療計画による病床規制（ケースⅢ）

　1985年医療法改正で地域医療計画による病床規制が導入されるまでを以下の3つの政策過程に区分して説明します。
　　ケースⅠ：公的病院の病床規制（1962年医療法改正）
　　ケースⅡ：医療基本法案（1972年廃案に）
　　ケースⅢ：地域医療計画による公私の病床規制（1985年医療法改正）

2-2-1　病床規制政策の背景

　1961年国民皆保険制度実施後には医療需要が急増したのに対し充分な病床

数を確保する政策が必要でした。財政難の政府は公的病院の整備を諦め民間病院主体に医療供給政策を展開しました。そのため1962年医療法改正では民間病院の保護のために公的病院の病床規制を制度化し，民間病院については医師会の自主規制に委ねました（ケースⅠ）。1970年代半ばから老人医療費無料化で医療供給市場は急拡大します。そして1980年代に入ると日本の医療供給体制は量的には先進国並みになったと言われ，一転して医療費抑制のための政策（量的規制）が始まることになります。

2-2-2 病床規制の政策過程

1962医療法改正（ケースⅠ）で医療機関の地域偏在を防止し民間病院を保護・育成するため，公的病院の病床規制が行われました。民間医療機関は医師会が自主調整することとされました。1972年の医療基本法案（ケースⅡ）は地域医療計画を策定するというものでしたが，佐藤政権末期のどさくさで廃案となってしまいます。しかし地域医療計画は厚生省医系技官と医師会が綿密に打ち合わせを行った政策案で，その後実験的事業として実施されていきます。1985年医療法改正（ケースⅢ）で地域医療計画による公私の病床規制が決定されます。民間病院に対する初めての規制は過剰反応を生み各地で「駆け込み増床」が発生しました。又医療法の勧告では強制力が無かったため，その後保険医療機関の指定拒否も追加されます。

2-2-3 政策アクターとアクター間関係

1972年医療基本法案は，武見医師会の保険医総辞退の収拾にあたり医師会側から提案されたもので，政策立案にあたり医系技官と日医からなる専門職政策共同体（政策コミュニティ）が形成されます[3]。厚生省内では戦後入省した医系技官が政策官僚として育ってきており，医療供給政策を医療保険政策の下請けから脱却させようとします。医師会側も医療供給政策に関しては政策提案できるまでになっていました。また医療供給市場も成熟して大規模病院vs中小医療機関という対立軸も生まれ，業界保護のための参入規制が必要となって

いました。野党や健保連の「医療社会化構想」も医系技官・医師会共同体にとっては脅威でした。1985年医療法改正では医系技官・医師会共同体の政策案に対して，医療費抑制を求める保険官僚や第二臨調・行革の大連合勢力からの支援も得ることができました。

1985年の医療法改正で登場する地域医療計画による病床規制（ケースⅢ）は（A1）産業保護政策，（B）計画行政，（C）財政政策の三つの政策案が統合されたものでした。

2-3 医療施設の類型化・機能分化政策（ケースⅣ）

ここではケースⅣとして，1992年（第二次医療法改正），1997年（第三次），2000年（第四次）の3回にわたる医療法改正による類型化・機能分化政策を取り上げます。

2-3-1 類型化・機能分化政策の背景

日本の医療供給体制は機能が未分化であるといわれてきました。病院に外来機能があり診療所に入院機能があること，また病院機能についても急性期・慢性期・ナーシングホームといった区分が明確ではありませんでした。しかしこれらは民間主体で医療体制を整備するためには容認せざるを得なかったものです。ところが1990年代以降は医療費抑制策のために市場の効率化を求める産業構造改革として医療施設の類型化・機能分化が政策課題に上がってきます。医療供給市場でも中小医療機関が生き残るために，大規模急性期病院との棲み分けが必要になって何らかの規制が求められるようになります。類型化・機能分化は医療費の効率的な配分や医療費抑制も目的としています。

2-3-2 類型化・機能分化の政策過程

1992年第二次医療法改正で特定機能病院（大学病院などの高機能病院）と療養型病床群（老人や長期の病床）が区分されます。続いて1997年第三次医

療法改正で地域医療支援病院（紹介型中核病院）が区分されます。ここまでは厚生省と日医との間にコンセンサスができていました。しかし，2000年第三次医療法改正における急性期と慢性期の病床区分では，医師会の反対で急性期を明確に区分することができず，「一般病床」と「療養病床」とに区分するに止まります。しかも医療機関の自主的な届け出制だったため，厚労省の思惑と外れ2003年の届け出結果は一般病床が多く残されてしまいます。そのため一般病床のさらなる機能分化が2014年の第六次医療法改正で病床機能報告制度として実施され，高度急性期・急性期・回復期・慢性期に区分されました。

　病床の機能分化は1970年代医療費抑制の必要性とともに語られるようになってから実に40年以上も経てやっと実現に至っています。池上・キャンベルは日本の医療政策は「漸進的な改革」が特徴だったと指摘しましたが，それは意図したものではなく結果としてそうなってしまったというだけなのです[4]。

　この間にも診療報酬抑制が継続しており医療機関の経営難が発生し，厚生省は民間病院に対する補助金制度を創設します。さらに補助金制度によって類型化・機能分化を促進させようとします。又診療報酬でも機能に見合った点数設定を行い誘導とふるい落としを行おうとします。

　病床規制についてもその後，必要病床数は基準病床数に変更され，さらに一般病床・療養病床の機能分化に伴い病床種別に区分した算定式など強化・細分化されています。

2-3-3　類型化・機能分化の政策課題と政策アクター

　類型化・機能分化政策の具体的な政策課題には，①病院の外来抑制，②老人医療・慢性期医療の区分，③高機能病院の区分，④地域中核病院の区分，⑤急性期病院の区分などがありました。登場する政策アクターは①厚労省医系技官，②開業医を代表する日医，③分立する病院団体，④老人病院団体，⑤私立医科大学協会など医療関係団体に限られ，医療業界内部での対抗関係が中心となります。

　そして強固と思われた医系技官・医師会共同体の絆は，2000年の病床機能

の区分などをめぐって次第に綻び始めます。医師会は官僚統制を警戒するようになります。又診療報酬抑制をめぐる病院団体の不満も大きくなって，医師会が医療供給側を代表する正統性も疑問視されるようになります。

2-4　医療施設の体系化政策（ケースⅤ）

　ここではケースⅤとして，2006年医療法改正による体系化と2014年医療法改正を取り上げます。

2-4-1　体系化政策の背景

　地域における医療機関の適正配置と計画的整備というアイデアは，1950年代後半に国民皆保険実施を控えた医療機関整備計画を端緒とします。しかし官僚統制に対する警戒や公的医療機関中心の計画は財政的に困難だったこともあり民間主体の整備に政策転換されました。その後は自由開業医制度もあり地域における医療機関の体系的整備は厚生省の永年果たせなかった夢で，地域医療計画における任意的記載事項も充分に機能してはいませんでした。

　ところが2004年の臨床研修必修化をきっかけに地方の医師不足や診療科の偏在が顕在化し，地域医療の崩壊現象まで現れると体系化政策が急遽浮上します。

2-4-2　体系化政策の政策課題

　体系化政策の政策課題は4疾病5事業（がん，脳卒中，急性心筋梗塞，糖尿病，小児救急を含む小児医療，周産期医療，救急，災害医療，僻地医療）について整備目標を定め，医療機関の体系化を図るというものです。同時にがん診療についても連携拠点病院などの体系化が提案されます。体系化政策自体はいわば医療体制のマップを作るというものですが，同時進行で医療制度抜本改革として「医療費適正化計画」の中で医療療養病床の削減と介護療養病床の廃止が提案されていました。

2-4-3　体系化政策の政策過程

2006年に厚労省は経済財政諮問会議の医療費総枠管理に対抗するため唐突に医療費適正化計画による介護療養病床の廃止と医療療養病床の削減を打ち出します。

折しも地域医療の崩壊現象が現れ，厚労省医系技官は体系化政策を提案する絶好の機会に恵まれます。体系化政策は事前の準備や関係者への調整もなく急遽立案され，医療計画見直し検討会の場へ直接提案されてきます。そして小泉政権の官邸主導型政治の下で短期間で決定されます。しかし政策形成期間が短かったため充分な検討が行われず，その後の実施過程における見直し検討会で精神医療，在宅についても追加が必要だとの要望が医療業界から出され2014年医療法改正で追加修正が行われています。一般病床についても急性期病床を区分する認定制度が提示されますが，医療業界の反対で「病床機能報告制度」に変更されています。

2-4-4　政策アクターとアクター間関係

登場するアクターは厚労省医系技官と日医・病院団体です。医師会は拠点病院を指定するというようなヒエラルキー化には反対でしたが，ネットワークの構築には異論はありませんでした。病院団体は体系化に伴う補助金を求めて積極的でした。同時進行で進んだ療養病床再編で医系技官・医師会共同体は完全に崩壊してしまい，その後は新たな「専門政策社会」[5] が形成されていくことになります。

2-5　政策の変容

以上見たように医療供給政策は，公的病床規制，地域医療計画，公私の病床規制，施設類型化・病床機能分化，体系化と変化してきました。政策類型に分けてみると以下のように整理できます（表9-2）。

表9-2　政策類型の変容

政策類型	ケースⅠ	ケースⅡ	ケースⅢ	ケースⅣ	ケースⅤ
（A1）産業保護	○	○	◎		
（A2）産業構造改革				◎	○
（B）計画行政		○	○	○	◎
（C）医療費抑制			○	○	○

◎印は核となる政策
出典：中島（2017）

　医療供給政策の政策類型は，当初は民間医療機関の保護育成だったものが，計画行政が加わりさらに医療費抑制政策もビルトインされて総合政策に変容してきました。医療費抑制政策が登場するのはケースⅢの病床の総量規制からです。その後の類型化・機能分化政策では，市場外部の要請に応えて産業構造改革へと変化し，また病院種別や機能に応じた診療報酬が設定されるなど巧妙に医療費抑制政策が促進機能を果たしています。ケースⅤは体系化政策で医療費抑制の直接的な機能は含まれていませんでしたが，同時に医療費適正化計画（介護療養病床の廃止）が動き出していました。

　政策類型とアクター間関係を整理すると表9-3のようになります。

表9-3　政策類型とアクター間関係

政策類型	目　　的	厚労省と医師会の関係
（A1）産業保護政策	中小医療機関保護	医師会が行政に依存する関係 （ケースⅠ・Ⅱ・Ⅲ）
（A2）産業構造改革	市場の効率化	協調・参加関係（ケースⅣ） → 対立し行政が譲歩（ケースⅣ・Ⅴ）
（B）計画行政	市場の計画的整備	対立（ケースⅠ） → 協調・参加関係（ケースⅡ・Ⅲ・Ⅳ） → 対立し行政が譲歩（ケースⅣ・Ⅴ）
（C）医療費抑制	供給量規制	対立（ケースⅠ・Ⅱ） → 医師会の抵抗と妥協（ケースⅢ） → 激しい対立（ケースⅣ・ケースⅤ）

（A1）は医師会のニーズ，（A2）（B）は市場外部と医系技官の目標，（C）は市場外部と保険官僚の目標である。→は関係の変化を表している。
出典：中島（2017）

2-6 アクター間関係の変容

医療供給政策の政策過程に登場するアクターの関係を見ると図9-1のように整理できます。

図9-1 アクター間関係の変容

ケースⅠ		社会党 → 厚生省 vs 医師会 ← 自民党
ケースⅡ		自民党 → <医系技官・医師会共同体> vs 野党3党＋健保連
ケースⅢ		自民党＋大蔵省＋保険官僚＋健保連＋民社・公明党＋マスコミ ↓ <医系技官・医師会共同体> vs 社会党
ケースⅣ	二次	保険官僚 ↓ <医系技官・医師会共同体>
	三次	<医系技官…医師会共同体>
	四次	政府・規制緩和3ヶ年計画 ↓ 保険官僚 → <医系技官……医師会>
ケースⅤ	五次	官邸・経済財政諮問会議・規制改革会議＋財務省＋経産省＋健保連＋マスコミ vs 保険官僚＋**医系技官……日医＋病院団体** ↑ 与党厚労族
	六次	**医系技官………日医＋病院団体**

→は支援者，＋は協力関係，vsは対抗関係を表している。太字は主役である。ケースⅢからは主役の座を専門職政策コミュニティが独占していた。< >は共同体を表す。…はアクター間の距離関係を示している。医系技官と日医の共同体関係は政策案が官僚統制の要素を含んでくると次第に離れて，ケースⅤで共同体も崩壊する。ただし医療供給政策のアリーナにおけるプレーヤーは依然として医療専門職だけだった。
出典：中島（2017）

医療供給政策の主役はケースⅠでは厚生省と医師会でしたが，ケースⅡでは野党3党や健保連の医療社会化構想が逆バネとなって厚生省医系技官と医師会

からなる専門職政策コミュニティが成立します。医系技官・医師会共同体は地域医療計画を実験的事業として開始し、ケースⅢで地域医療計画による病床規制を成立させました。しかしケースⅣの病床機能分化政策の頃から医師会は官僚統制を警戒して医系技官とは徐々に距離を置くようになります。ケースⅤでは医療供給市場外部からの医療費総枠管理、病床規制撤廃などの圧力がかかって厚労省内は保険局・医政局・老健局など防戦一方となります。医療関係団体も医療費総枠管理や営利企業の参入などは到底受け入れられず、また厚労省の医療費適正化政策（療養病床再編）に対しても反対でした。医系技官・医師会共同体は完全に崩壊してしまいます。病院団体も大同団結を果たし発言権を強めてきて日医が医療業界を代表する正統性も失われていきます。医系技官と日医からなる政策コミュニティが崩壊したことによって、以後は公式の検討会の場で政策案が議論され政策形成過程の透明化につながります。共同体の崩壊により、以前よりも開かれた広い空間の「専門政策社会」で政策形成が行われていくことになりました。

3 医療費抑制のための医療保険政策・診療報酬

　医療保険政策で医療費抑制を行う場合には2つの政策手段があります。第一は医療サービスの需要側に対する規制すなわち受診抑制です。第二は医療側に対する規制で診療報酬の操作によって行われます。

　1961年に国民皆保険が達成されると制限診療が撤廃されたことも相まって医療費が一気に増加しました。このため医療保険政策は保険財政の赤字対策が最大の課題となってきます。しかも多くの保険制度が分立し給付や負担の格差もあり財政格差も長期にわたって解消できませんでした。医療保険の赤字解消には、①保険料率のアップ、②給付率のダウン、③利用者一部負担、④医療費の抑制、⑤財政調整などが考えられます。1990年代以降は老人保健法、介護保険制度、高齢者医療制度など高齢社会に対応した新たな制度が構築されてきますが、その度に国民的議論を巻き起こすこととなりました。

今日では保険制度間の保険料率・給付率などの格差是正，財政調整などはほとんどやり尽くしてしまい，残るは高齢者の負担問題だけが残されています。

3-1 患者負担増による需要抑制政策

3-1-1 患者負担増による需要抑制政策の背景

医療費の支払い方法は第三者払い・現物給付制度です。患者さんは医療機関で直接医療サービスを受けることができ，その支払いは窓口で一部負担金を支払うだけで済みます。そこで患者さんに負担意識が少なく，無駄遣いが指摘されることになります。医療費の増加や経済成長の鈍化などで健保組合や国保財政の赤字が避けられなくなり，保険料率の引き上げ，一部負担の引き上げなどが議論されてきました。しかし患者負担増は政党や労働組合の強い反対があり，しかも受診抑制を恐れて日医も反対するため常に政治問題化します。

3-1-2 患者負担増の政策案

患者負担増は医療保険政策としては，保険財政支出を直接減らすことができ負担意識を持たせることにもつながるという二重の効果が期待できます。患者負担の方法には，①定率負担，②定額負担，③特定部分の負担，④免責額という四つの方法があります。定率負担は健保本人の1割負担から始まり現在は3割負担となっています。定額負担はかつて老人医療で導入されていたものですが現在は定率に変わっています。特定部分の負担とは保険外併用療養費制度やホテル・コストの負担です。窓口負担増の抑制効果は1年程度と言われています。

3-1-3 患者負担増の政策過程

患者負担増の政策は，1982年老人保健法による老人医療費の定額負担導入，1984年健保改正で健保本人の1割負担導入，1990年老人医療の入院医療費の定額払い導入，1997年健保本人の2割負担導入，2001年老人医療の1割負担

導入，2003年健保本人・家族とも3割負担導入と順次推進されてきました。食費や居住費など特定部分の負担であるホテル・コストも，特養で行われてきたものが老健の利用料として取り入れられ，医療でも入院時食事療養費，介護三施設における居住費・食費の徴収と進んできています。そして2006年には療養病床の居住費・食費が患者負担となっています。

3-1-4 政策アクターとアクター間関係，アリーナ

患者さんの一部負担を増やす政策案には健保連と厚労省保険官僚，財務省が賛成しますが，日医や厚労省医系技官，政党（社労族），野党，マスメディアも反対に回ります。日医が反対するのは患者が減ることを心配するからです。政党は選挙を意識して表向き反対に回りますが，与党の厚労族と大蔵族との族議員同士では分裂状態となります。野党とマスメディアは常に反対派です。アリーナは華々しい国会論戦を経て決定されるというトップアリーナです。

3-1-5 医療費通知とインフォームド・コンセント

そのほかに直接的効果は薄いかもしれませんが，需要抑制政策として医療費通知とインフォームド・コンセントがあります。医療費通知運動は1970年代終わりから始まった健保連と日医との争いでした。厚生省は当初静観していましたがその後賛成側に回ります。不正請求のチェックという隠れた目的もあったからです。他のアクターは登場しません。

受診抑制の前提にはインフォームド・コンセント informed consent が不可欠だと言われています。インフォームド・コンセントは選択と同意と訳されていますが，「患者さんが自分の病気を知らされた上で治療法の選択決定に参加する」という意味です。単に患者さんの権利の尊重といった面だけでなく，がんの終末期の医療費が抑えられ，本人の希望しない延命治療が行われなくなるなど医療費削減にもつながります。登場するアクターは医療関係者と法曹関係者だけでした。1996年には診療報酬上でもわずかながら加算が導入されますがその後は減算項目となって，現在では着実に医療現場に根付いています。

3-2 診療報酬による医療費抑制政策

3-2-1 診療報酬改定の政策課題

2年ごとに行われる診療報酬改定を通じて医療費抑制が行われてきました。政策課題には，①診療報酬改定率，②個別点数の評価，③政策誘導，④出来高方式の見直し，⑤新技術の評価などがありました。このうち②から⑤までは内容が専門的なため登場するアクターは保険局医療課の医系技官と日医，専門医学会に限られています。①については2005年中医協改革により政策過程が大きく変わりました。

3-2-2 政策アリーナとアクター

診療報酬改定には3つのアリーナが存在します。かつては中医協で全てが決定し予算化されていたものでした[6]。

(1) 改定率・予算決定のアリーナとアクター

予算は最終的には国会で決定するものですが，財務省が各省の概算要求基準（シーリング）を決定し閣議の了承を経て各省に提示する段階で厚労省予算の枠も決定されてしまいます。登場するアクターは日医，健保連，保険官僚です。財務省が後から圧力をかけています。1982年から導入されたシーリング制度により，予算アリーナは中医協から財務省へ，そして2005年からは首相官邸に奪われてしまいます[7]。改定率は政府内で決定する政治過程に変容したのです。

(2) 基本方針決定のアリーナとアクター

診療報酬改定の基本方針について決定する場もかつては中医協でした。しかし2005年からは中医協に先立って社会保障審議会医療部会，医療保険部会などにおいて審議が行われ診療報酬改定の基本方針が決定されることになってしまいます。

(3) 点数改定作業のアリーナとアクター

国会の予算審議と並行して，改定方針に基づいて中医協の診療報酬基本問題

小委員会による点数改定の作業が行われます。下部組織として調査専門部会が置かれ薬価や医療材料などは別に検討作業も行われます。2005年中医協の委員構成の見直しも行われ、公益委員の増員と病院団体の代表も参加するように改善され、さらに民主党政権では団体推薦制も廃止されています。中医協の主役は医療供給側と厚労省であり、医療費抑制と医療供給体制の整備の両面から議論が行われます。具体的な点数配分は保険局医療課の医系技官や診療側委員のさじ加減で決まることになります。

　中医協は現在では改定案を承認するだけの場になってしまい細目は「専門職政策コミュニティ」で決定されています。中医協の見直しでは審議過程の透明性をはかることや、客観的データに基づいた議論を行うことなどが求められ、2006年度より診療報酬改定結果の検証・評価をする部会も設けられています。

3-2-3　診療報酬改定の政策過程
（1）診療報酬改定率のコントロール

　診療報酬改定には関係団体からの陳情、健保組合・協会けんぽ・国保の財政状況、物価や賃金の上昇率、医療機関の経営状況など多くの要因が関係しています。しかし現在では概算要求基準（シーリング）が先に決定されてしまうため、厚労省は社会保障予算の増額要求とシーリングとの板挟みで悩むことになります。年金や医療費には自然増分があるにも関わらず財政逼迫時にはアップ率を抑えるだけに止まらずマイナス改定まで行われました。1980年代初めから厚生省は薬価と材料の引き下げで医療費抑制を行ってきましたが、2002年には初めて診療報酬本体マイナス改定を行い、2006年改定でも大幅な引き下げが行われました。人件費や物価の上昇も考慮すれば実質的な引き下げが実に4半世紀にわたって実施されてきたのです。

（2）個別診療点数の引き下げ

　改定率がプラスであれば新たな医療技術に配分する財源も確保できますが、アップ率が低い場合やマイナス改定では個別診療行為の点数引き下げによってしか改定財源を確保することができません。人工透析、老人医療、眼科手術、

リハビリなどで個別に引き下げが行われ，開業医向けの診療点数，新技術や政策医療などに配分されてきました。
(3) 政策誘導

医療費抑制を可能にするために政策誘導的な点数操作も行われました。1986年改定では入院期間短縮のために入院時医学管理料の逓減制が導入され，2000年改定では急性期病院向けの点数加算が行われています。類型化・機能分化に応じて経済誘導やふるい落としのための操作も行われています。
(4) 出来高払いの見直し（包括化）

診療報酬を個別に計算して合算する方法ではなく，一連の医療行為を包括点数として設定する方法も推進されてきました。もちろん点数はトータルとして下げられていきます。老人医療，生化学検査，透析などで導入されました。2003年からは特定機能病院においてDPCが導入されており対象病院はその後急性期病院に拡大されています
(5) 新技術の評価・施設基準

医療技術の進歩は医療費の増加要因と言われており，新技術の導入に当たっては点数設定が低く抑えられる傾向にあります。現在では高額医療機器の点数はよほど利用率が高くないと原価償却が不可能になっています。CTやMRI検査は同月内に行うと2回目以降は逓減する方式になっています。また加算点数や新技術に関しては，診療報酬上で施設基準を設け簡単に導入できない仕組みも作られています。

3-3 医療費抑制政策の破綻

1980年代から医療費抑制政策が始まり，1982年からは予算シーリング制度により診療報酬が抑えられ，その後のバブル期にも低く抑えられて，バブル崩壊後も抑制政策は継続されました。1990年代には病院の経営難が問題となってしまい，私的病院への補助金制度も始まっています。引き続き小泉政権で官邸主導による新自由主義的な改革として急激な診療報酬の押さえ込みが行われ

ました。その結果2006年頃から医師不足が顕在化し地方における医療崩壊が発生します。きっかけは臨床研修必修化だと言われましたが，背景にあったのは長期にわたり継続した医療費抑制政策でした。2009年から医療費抑制政策の転換が行われ，特に勤務医対策として大規模急性期病院への診療報酬の傾斜配分も行われます。2012年に社会保障と税の一体改革法が成立し，消費税は社会保障の充実に充てられることが明記されました。

4 制度や政策をマネジメントするために

医療福祉経営の外部環境である制度や政策をマネジメントするためには，政策の変容を理解し，政策過程を理解することによって可能となります。以下ではまず医療政策の変容を整理し，政策過程モデルを描いてみます。

4-1 医療費抑制政策の変容

医療費抑制政策の目的は，超高齢社会を控えて日本の医療供給体制とそれを支える医療保険制度を再構築するためのものでした。しかし，一方で医療費抑制政策は医療供給側の犠牲の上に成り立ち，結果的に医療の荒廃を招いてしまったとも考えられます。ケースⅢからの医療費抑制策の変化を医療供給政策を中心に，医療保険政策・診療報酬も踏まえて整理すると表9-5のようになります。

4-2 医療供給政策の政策過程モデル

実務研究者である著者にとっては，「特定の政策が，なぜ，どのようにして形成・決定・実施されたのか？」という政策過程自体に関心があります。そしてその政策過程のうち，「いつ，どこで，どのように，ボタンを押せば中小病院にとって望ましい政策を決定することができるのか？」を明らかにすること

表9-5 政策類型の変容

		産業保護（A1）	産業構造改革（A2）	計画行政（B）	医療費抑制（C）
ケースⅢ		**・参入規制** ・医師数抑制政策	・老健施設	・実施過程で機能せず	・供給量規制 ・診療報酬に長期入院逓減制 ・医師数抑制政策
ケースⅣ	第二次	・行政指導 ・入院率	**・高機能と低機能（療養型病床群）の区分** ・特3類看護	・老人保健福祉計画	・特3類看護 ・長期入院逓減制の強化
	第三次	・国保等改正	**・紹介型中核病院** **・診療所へ療養型病床群拡大**	・数値目標	・インフォームドコンセント
	第四次	・基準病床数 ・区分別病床規制	**・一般と療養病床の区分** ・診療報酬で急性期加算 ・診療報酬で亜急性期を区分	・数値目標	・急性期加算 ・本人負担3割，老人負担1割 ・中医協改革 ・精神病床削減
ケースⅤ	第五次	・病床規制撤廃要求に対抗 ・医師数抑制政策の転換	・療養病床再編 ・看護基準7対1 ・公立病院改革ガイドライン ・社会医療法人制度	**・4疾病5事業の体系化** ・がん診療連携拠点病院 ・地域ケア体制整備構想	・医療費適正化計画，療養病床再編 ・看護基準7対1
	第六次	・療養病床再編延期	**・医療機能報告制度**	**・精神と在宅を追加**	

＊ 第三次改正の地域医療支援病院を紹介型中核病院として一般化した。太字部分が地域医療計画の主たる内容である。網掛け部分が医療供給政策としての主要な政策類型である。
出典：中島（2017）を一部修正

こそが課題です。医療供給政策の政策過程は図9-2のようなモデルとして描くことができます。

　医療供給政策は，医療供給市場の状況や外部環境である経済・社会の状況そして社会的事件などからアジェンダ化され政策形成過程に持ち込まれます。

　政策形成過程では，具体的な政策の検討が専門職政策コミュニティ内部で行われ審議会等に持ち込まれ政策案の決定に至ります。

図9-2　医療供給政策の政策過程モデル

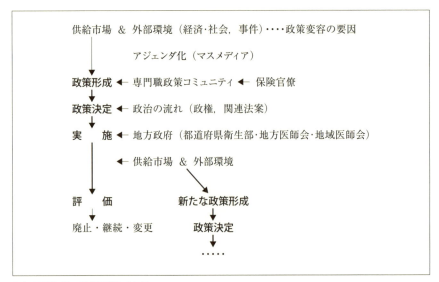

＊太字は狭義の政策過程である。
出典：中島（2017）

　政策決定過程では，政権・政党のリーダーシップや同時期に上程される関連法案など政治の流れに翻弄されます。しかし専門政策であるためいずれは決定される方向にあります。

　政策実施過程では，中央政府は統制が困難で，かつ中央政府の意図と離れて都道府県衛生部，地方医師会，地域医師会などのパワーバランスに左右されます。医療供給市場の反応は予測に反する場合もあり政府のコントロールは困難です。

　政策の実施過程を一定期間経ると政策評価が可能となり，政策の廃止・継続・変更などを検討することになります。また政策の実施過程と新たな政策の形成過程とはほとんど同時進行でスパイラル状に展開していきます。

　我々にとって医療供給政策のマネジメントが可能になるのはアジェンダ化から政策形成までの段階と地方における実施過程です。政策決定過程では政権や

関連法案などの影響を受けコントロールは困難ですし，国会での修正はほとんど不可能です。

これに対し，診療報酬は2年毎の改定であるため，参加機会も多くしかも改定率，基本方針，点数配分それぞれのアリーナへ各種団体を通じて接近可能です。しかし保険政策に関してはおそらく残された政策手段も少なく，しかも議論がトップアリーナに上がるためコントロールは困難でしょう。

今後は従来の医療経営論のように医療制度を所与のものとして経営戦略を考えるのではなく，医療経営にとって望ましい医療政策の導入を積極的にマネジメントしていくというスタンスが必要です。そしてそのためには，医療福祉経営・医療福祉政策に関わる実務家や研究者のほか多様な政策専門家の育成と組織化，そして開かれた専門政策社会の構築により議論を深めていくことが不可欠だと考えます。

以上で医療福祉経営論の旅を終えます。「中島ワールド」を楽しんでいただけましたでしょうか？　本書によって医療福祉経営に少しでも関心を持ち，学ぼうとする人々が増えるならこれに勝る喜びはありません。

（注）
1) J.E.スティグリッツ（1986）藪下史郎訳『公共経済学　上』マグロウヒル出版，1989年，39-50頁。
2) 本書では類型化，機能分化，体系化の用語をおおよそ以下のように使い分けています。
・類型化：　特定機能病院，地域医療支援病院，がん拠点病院など病院種別の分類
・機能分化：　急性期，慢性期，療養病床など病床機能による分類
・体系化：　地域における医療機能の連携体制
3) 政策コミュニティについては以下を参照。Richardson, J.J. and A.G. Jordan, *Governing under Pressure:The policy Process in a Post-Parliamentary Democracy,* Oxford, Martin Robertson, 1979. Jordan, A.G. and J.J. Richardson, *Government and Pressure Groups in Britain*, Oxford, Clarendon Press,1987. Rhodes, R.A.W. and D. Marsh, "Policy Networks in British Politics: A critique of Existing Approaches", in D. Marsh and R.A.W. Rhodes ed. *Policy Networks in British Government*. Oxford, Clarendon Press, 1992, pp.249-268. 中島（2017）12-13頁，169-180頁。
4) 池上直巳・J.C.キャンベル『日本の医療』中央公論社，1996年。

5）専門政策社会については，中島（2017）423頁参照。専門的な知識や経験を持つ人々で構成される政治空間を想定しています。
6）このため政府予算は年末の中医協の審議結果を待って最終的に上積分が増額されていた。
7）2004年中医協歯科汚職事件がきっかけで，中医協は医療保険改革のターゲットとなってしまいます。

参考文献

<日本語・邦訳文献>

あ 行

明石純「医療組織における理念主導型経営」『組織科学』Vol.38 No.4, 2005年, 22-31頁。

浅井慶三郎・清水滋編著『サービス業のマーケティング（改訂版）』同文舘, 1991年。

K.アルブレヒト・R.ゼンケ（1985）野田一夫監訳『サービスマネジメント革命』HBJ出版局, 1988年。

H.I.アンゾフ（1965）広田寿亮訳『企業戦略論』産能大学出版部, 1969年。

池上直己・J.C.キャンベル『日本の医療』中央公論社, 1996年。

伊関友伸『まちの病院がなくなる!?―地域医療の崩壊と再生』時事通信社, 2007年。

井原哲夫『サービス・エコノミー（第2版）』東洋経済新報社, 1999年。

飯嶋好彦『サービス・マネジメント研究』文眞堂, 2001年。

マックス・ウェーバー, 濱島朗訳『権力と支配』みすず書房, 1954年。

植草益『公的規制の経済学』筑摩書房, 1991年。

上村政彦（編著）『改定・社会保障論』みらい, 2001年。

A.エツイオーニ（1964）渡瀬浩訳『現代組織論』至誠堂, 1967年。

A.エツイオーニ（1975）綿貫穣治監訳『組織の社会学的分析』培風館, 1966年。

太田肇『プロフェッショナルと組織―組織と個人の「間接的統合」』1993年。

太田肇『仕事人と組織―インフラ型組織への企業革新』有斐閣, 1999年。

大嶽秀夫『自由主義的改革の時代―1980年代前期の日本の政治』中央公論社, 1994年。

か 行

加藤淳子「政策決定過程研究の理論と実証―公的年金改革と医療保険制度改革のケースをめぐって」『レヴァイアサン』8号, 木鐸社, 1991年。

J.カールソン（1987）堤猶二訳『真実の瞬間』ダイヤモンド社, 1990年。

狩野紀昭編著『サービス産業のTQC』日科技連, 1990年。

J.R.ガルブレイス・D.A.ネサンソン（1978）岸田民樹訳『経営戦略と組織デザイン』白桃書房, 1989年。

岸田民樹（編著）『現代経営組織論』有斐閣, 2005年。

A.グールドナー（1955）岡本秀昭・塩原勉訳『産業における官僚制』ダイヤモンド社, 1963年。

W. コーンハウザー（1962）三木信一訳『産業における科学技術者』ダイヤモンド社，1964年．
J.P. コッター（1982）金井壽宏他訳『ザ・ゼネラル・マネジャー――実力経営者の発想と行動』ダイヤモンド社，1984年．
J.P. コッター（1990）梅津祐良訳『変革するリーダーシップ――競争勝利の推進者たち』ダイヤモンド社，1991年．
P. コトラー（1994）小坂恕・疋田聰・三村優美子・村田昭治訳『マーケティング・マネジメント（第7版）』プレジデント社，1996年．
P. コトラーほか（2002）臼井義男監修・平林祥訳『コトラーのプロフェッショナル・サービス・マーケティング』ピアソン・エデュケーション，2002年．
E. ゴフマン（1984）石黒毅訳『アサイラム――施設被収容者の日常世界』誠信書房，1984年．

さ 行

H.A. サイモン（1964）松田武彦ほか訳『経営行動』ダイヤモンド社，1990年．
嶋口充輝『顧客満足型マーケティングの構図』有斐閣，1994年．
島田恒『非営利組織のマネジメント』東洋経済新報社，1999年．
島津望『医療の質と満足――サービス・マーケティング・アプローチ』千倉書房，2005年．
清水滋『サービスの話　新版』日本経済新聞社，1978年．
清水滋『現代サービス産業の知識』有斐閣，1990年．
E.H. シャイン（1978）二村敏子・三善勝代訳『キャリア・ダイナミクス』白桃書房，1991年．
進藤雄三『医療の社会学』世界思想社，1990年．
杉政孝『病院経営と人事管理』日本労働協会，1981年．
J.E. スティグリッツ（1986）藪下史郎訳『公共経済学　上』マグロウヒル出版，1989年．

た 行

田尾雅夫『ヒューマン・サービスの組織――医療・保険・福祉における経営管理』法律文化社，1995年．
高橋淑郎『変革期の病院経営――医療サービスの質の向上をめざして』中央経済社，1997年．
高橋淑郎「病院経営の非営利的側面――NPOとの比較から経営学的諸問題を検討」奥林康司・稲葉元吉・貫隆夫編著，同上書，中央経済社，2002年，91-125頁．

武弘道『こうしたら病院は良くなった!』中央経済社, 2005年。
谷本寛治「企業とNPOのフォア・フロント―『NPOの経営学』その新しい課題」奥林康司・稲葉元吉・貫隆夫編著『NPOと経営学』中央経済社, 2002年, 31-57頁。
A.D.チャンドラー（1969）有賀裕子訳『組織は戦略に従う』2004年。
E.L.デシ（1975）安藤延男・石田梅男訳『内発的動機づけ―実験社会心理学的アプローチ』誠信書房, 1980年。
P.F.ドラッカー（1954）上田惇生訳「新訳　現代の経営　上」ダイヤモンド社, 1996年。
P.F.ドラッカー（1990）上田敦生・田代正美訳『非営利組織の経営―原理と実践』ダイヤモンド社, 1991年。
V.A.トンプソン（1961）大友立也訳『洞察する組織―組織一般理論』好学社, 1971年。
J.D.トンプソン（1967）高宮晋監訳『オーガニゼイション・インアクション』同文舘, 1987年。

な行

中島明彦「医療費抑制政策の下における病院の経営戦略―戦略広報システムの提案」名古屋市立大学大学院経済学研究科修士論文, 1993年。同, 『修士論文要旨集』, 1994年, 126-130頁。
中島明彦「医療サービスの交換プロセスの分析―病院経営論的視点から」『病院』第53巻第5号, 1994年。
中島明彦「医療サービスに関する基礎的考察―病院経営論の構築に向けて」『オイコノミカ』第32巻第3・4合併号, 名古屋市立大学経済学会, 1996年。
中島明彦『ヘルスケアマネジメント―医療福祉経営の基本的視座』同友館, 2007年。
中島明彦『医療供給医政策の政策過程―地域医療計画の形成・決定・実施過程と政策の変容』同友館, 2017年。
西村周三『医療の経済分析』東洋経済新報社, 1987年。
西田耕三『日本的経営と人材』講談社, 1987年。
西田耕三『ビジネス・ロマン』同文舘, 1988年。
R・ノーマン（1991）近藤隆雄訳『サービス・マネジメント』NTT出版, 1993年。
野村清（田中滋監修）『サービス産業の発想と戦略』電通, 1983年。

は行

P.ハーシー・K.H.ブランチャード（1977）山本成二・水野基・成田攻訳『行動科学

の展開』日本生産性本部，1978年。

F.ハーズバーグ（1871）北野利信訳『仕事と人間性』東洋経済新報社，1968年。

T.パーソンズ（1951）佐藤勉訳『社会体系論』青木書店，1974年。

T.パーソンズ（1964）武田良三監訳『社会構造とパーソナリティ』新泉社，1985年。

C.I.バーナード（1938）山本安二郎・田杉競・飯野春樹訳『新訳　経営者の役割』ダイヤモンド社，1968年。

S.T.ハウザー「医師-患者関係」E.G.ミシュラー他著，尾崎新・三宅由子・丸井英二訳『医学モデルを超えて―医療へのメッセージ』星和書店，1988年，151-206頁。

J.バダラッコ（2002）夏里尚子訳『静かなリーダーシップ』翔泳社，2002年。

羽田昇史『サービス経済論入門（改訂版）』同文舘，1993年。

早川純貴・山口祐司・田付晃司「21世紀の医療保険は展望できたか―健康保険法改正をめぐる政治過程」『阪大法学』140，1986年。

藤村和宏「サービス提供組織の構造とサービス生産」サービス企業生産性研究委員会編『サービス企業生産性向上のために』財団法人社会経済生産性本部，1994年。

藤村和宏「医療サービス生産の実態」サービス企業生産性研究委員会編『サービス企業における生産性・顧客満足・職務満足』財団法人社会経済生産性本部，1995年。

E.フリードソン（1970）進藤雄三・宝月誠訳『医療と専門家支配』恒星社厚生閣，1992年。

V.R.フュックス（1968）江見康一訳『サービスの経済学』日本経済新聞社。

J.L.ヘスケット（1986）山本昭二訳『サービス経済下のマネジメント』千倉書房，1992年。

G.M.フォスター・B.G.アンダーソン（1978）中川米造監訳『医療人類学』リブロポート，1987年。

ま　行

J.G.マーチ・J.P.オルセン・M.D.コーエン（1976）遠田雄志・アリソンユング抄訳『組織におけるあいまいさと決定』有斐閣，1986年。

D.H.マイスター（1993）高橋俊介監訳『プロフェッショナル・サービス・ファーム』東洋経済新報社，2002年。

D.マグレガー（1960）高橋達男訳『企業の人間的側面（新版）』産能大学出版部，1966年。

A.H.マズロー（1954）小口忠彦訳『改訂新版　人間性の心理学』産能大学出版部，1987年。

的場智子「病者と患者」進藤雄三・黒田浩一郎編『医療社会学を学ぶ人のために』世界思想社，1999年，22-39頁。
村松岐夫『日本の行政』中央公論社，1994年。
E. メイヨー（1946）村本栄一訳『産業文明における人間問題』日本能率協会，1951年。
森雄繁『補佐役―新しいリーダーシップ像』同文舘，1994年。

> や・ら・わ行

吉原健二・和田勝『日本医療保険制度史』東洋経済新報社，1999年。
C.H. ラブロック・C.B. ワインバーグ（1989）渡辺好章・梅沢昌太郎監訳『公共・非営利のマーケティング』白桃書房，1991年。
R. リッカート（1961）三隅二不二訳『経営の行動科学』ダイヤモンド社，1964年。
M. リプスキー（1980）田尾雅夫・北大路信郷訳『行政サービスのディレンマ―ストリートレベルの官僚制』木鐸社，1986年。
T. レヴィット（1960）土岐坤訳『マーケティングの革新―未来戦略の新視点』ダイヤモンド社，1983年。
P.R. ローレンス・J.W. ローシュ（1986）吉田浩訳『組織の条件適応理論』産能大学出版部，1977年。
J.W. ローシュ・J.J. モース（1974）馬場昌雄・服部正中・上村祐一訳『組織・環境・個人―コンティンジェンシー・アプローチ』東京教学社，1977年。
K.E. ワイク（1969）遠田雄志訳『組織化の社会心理学』文眞堂，1997年。

<英語文献>

Arrow, K., "Uncertainty and the Welfare Economics of Medical Care," *The American Economic Review* 53-5, Dec.1963.
Beckman, S., "Professionalization: Borderline Authority and Autonomy in Work," in Burrage, M. and R. Torstendahl ed., *Professions In Theory and History: Rethinking the Study of the Professions*, SAGE Publications, 1990.
Carr-Saunders, A.M. and P.A. Wilson, *The Professions*, Oxford Univ. Press, 1933, pp.7-58, 65-106 and 289-318.
Donabedian, A., *The Definition of Quality and Approaches to Its Assessment*, Health Administration Press, 1980, pp.79-128.
Elliot, P., *The Sociology of the Professions*, Macmillam, 1972, pp.1-13.
Goss, M.E.W., "Patterns of Bureaucracy among Hospital Staff Physicians," E. Freidson eds., *The Hospital in Modern Society*, The Free Press, 1963, pp.170-194.

Gouldner, A.W., "Cosmopolitans and Locals: Toward an Analysis of Latent Social Roles," *Administrative Science Quarterly*, 1957, pp.281-306, and 1958, pp.444-480.

Gröonroos, C., *Service Management and Marketing*, 2nd ed., Johon Wiley & Sons, 2000, pp.45-60.

Hall, R.H., *Occupations and The Social Structure*, 2nd ed., Prentice-Hall, 1975, pp.69-135 and 239-280.

Hasenfeld, Y., *Human Service Organizations*, Prentice-Hall, 1983.

Hesket, J.L., W.E. Sasser and C.W.L. Hart, *Service Breakthroughs; Changing the Rules of the Game*, The Free Press, 1990, pp.1-29.

Hesket, J.L., W.E. Sasser, L.A. Schlesinger, *The Service Profit Chain; How leading companies link profit and growth to loyality, satisfaction, and value*,The Free Press, 1997, pp.98-111.

Jordan, A.G. and J.J. Richardson, *Government and Pressure Groups in Britain*, Oxford, Clarendon Press,1987.

Levitt, T., "The Industrialization of Services," *Harvard Buisiness Review*, Sep.-Oct., 1976.

Levitt,T., "Marketing Succes through Differetiation of Anything," *Harvard Business Review*, Jan.-Feb., 1980.

Mintzberg, H., *Structure in Fives: Designing Effective Organizations*, Prentice- Hall, 1983.

Rhodes, R.A.W. and D. Marsh, "Policy Networks in British Politics: A critique of Existing Approaches", in D. Marsh and R.A.W. Rhodes ed. *Policy Networks in British Government*. Oxford, Clarendon Press, 1992, pp.249-268.

Richardson, J.J. and A.G. Jordan, *Governing under Pressure:The policy Process in a Post-Parliamentary Democracy*, Oxford, Martin Robertson, 1979.

Scott, W.R., "Reactions to Supervision in a Heteronomous Professional Organization," *Administrative Science Quartaly*, 10, 1965, pp.65-81.

Suchiman, E., "Stages of Illness and Medical Care," *Journal of Health and Human Behavior*, vol.6, 1966, pp.114-128.

Swan, J.E. and L.J. Combs, "Product Performance and Consumer Satisfuction: A New Concept, "*Journal of Marketing*, Vol.40, April, 1976.

Vollmer, H.M. and D.L. Mills(ed.), *Professionalization*, Prentice-Hall, 1966, pp.1-2.

Weick, K.E., "Educational Organizations as Loosely Coupled Systems," *Administrative Science Quarterly*, March, vol.21, 1976, pp1-19.

Zeithaml, V.A., "How Consumer Evaluation Prosses Differ Between Goods and Services," *Marketing of Services, Proceding Series*, American Marketing Association, 1981.

索　引

あ行

アクター間関係の変容　159
インフォームド・コンセント　58, 135, 162
1県1医大構想　117
医師誘発需要仮説　118
医師数抑制政策の転換　120, 167
医系技官　151, 153, 157
医系技官・医師会共同体　154, 155, 157, 160
一般病床　113, 155
医療関連産業　62, 122, 138
医療関連産業保護政策　138
医療基本法案　152
医療供給政策の政策過程モデル　166
医療金融公庫　124
医療施設の体系化政策　156
医療施設の類型化・機能分化政策　154
医療専門職のモチベーション　64
医療専門職の育成政策　116
医療費増加のメカニズム　148
医療費総枠管理　157
医療費通知　162
医療費抑制政策　66, 94, 118, 132, 148
医療費抑制政策の変容　166
医療費抑制政策の破綻　165
医療福祉サービスの構造　27
医療福祉サービスの顧客　17
医療福祉サービスの定義　3
医療福祉専門職　5, 51, 72, 93, 111
医療福祉組織の目標　89
医療保障制度の3類型　129

医療保障の財源　130
医療療養病床　113, 156
医薬分業　145
NHS　130
オバマケア法　130
応召義務　13, 57

か行

カリスマ　101
介護保険制度　13, 121, 132, 160
介護保険事業計画　115
介護療養病床　113, 152
介護老人保健施設　113
概算要求基準（シーリング）　163
回復期リハビリテーション病棟　113
買回り品　6, 38
価格統制　140, 150
過程品質　4, 33
看護基準　117, 144, 167
看護師不足対策　121
患者行動　20, 36
患者負担増による需要抑制政策　161
患者負担増の政策過程　161
完全専門職　52, 72, 97
完全専門職組織　72
官邸主導型政治　157
官僚制組織　55, 70
官僚制的管理権限　70
キャリア開発　66, 100
キャリア・アンカー　100
企業体としての成長目標　94
技術的代行サービス　5
規制緩和　114, 142, 159

規範的組織　71
機能分担型・集団的リーダーシップ
　　104
協会けんぽ　134, 164
行政指導　114, 152
強制的組織　71
共通の目標　71
協働への意欲　71
クライアント統制　14, 62, 74, 91
クライアントの市場　12, 24
クリニカル・ナース　61
組合健康保険　134
計画行政　114, 150
経験属性　5, 33
経済誘導　140, 140, 144, 165
警察行政　131
結果の不確実性　11, 41
コア・サービス　29, 41, 77
コア・サービスの付帯部分　32
コア・サービスの本質部分　31, 41
コスモポリタン　65, 73
ゴミ箱モデル　96
コミュニケーション　45, 71
コンティンジェンシー理論　80
小泉政権　133, 157
個が組織に従属する関係　75
後期高齢者医療制度　133
公共性　6, 72, 90
高次欲求充足　66
公的病院の病床規制　124, 152
高度医療評価制度　143
購買行動　6, 37
効用と満足　4
功利的組織　71
高齢社会　115, 132, 160
高齢者保健福祉計画　115

互助的協働　71
顧客の参加　9, 45
顧客満足　10
顧客概念の拡大　23
顧客の創造　17
顧客増加　23
顧客段階　39
国営医療制度　111, 130
国税方式　130
国民皆保険　19, 131, 152
国家資格制度　54, 116
個別受注生産　12, 24, 41
混合経済体制　111
混合診療の禁止　142

さ行

サービス過程　30, 46, 62
サービスの構造　4, 27, 36
サービスの構成要素　14, 17, 41
サービスの需要過程　36
サービスの定義　3
サービスの類型化　5
サブアリーナ　150
財政調整　132, 160
参加型リーダーシップ　105
産業構造改革　125, 152
産業政策　122, 152
産業保護政策　123, 138, 152
参加型サービス　33
ジェネリック薬品　145
シンパ　18, 37
仕事へのコミットメント　52
資格法　56, 116
事業部制組織　80
仕事専門家　75, 95
自己管理する管理者　75

仕事人　75
支持的な関係　76
市場経済体制　111
市場の失敗　11, 149
静かなリーダー　102
市町村国民健康保険　134
質の作り込み　40
指定管理者制度　127
資本集約性　6
社会化　54, 130, 154
社会的逸脱者　18, 55
社会的目標　92
社会統制者　55
社会統制装置　13, 62, 79
社会保険方式　129
社会保障財源の枯渇　137
社会保障と税の一体改革法　138, 166
自由開業医制　111, 156
自由主義的改革　132
重大性　7, 72
集団的リーダーシップ　102
需要発生の不確実性　11
需要と生産の長期的過程　14
準拠集団　57, 73
症状体験段階　37
情報の非対称性　11, 135, 149
消費者段階　39
消費の反復性・継続性・長期性　15
職業団体の存在　51, 54
職業アイデンティティ　54
助言官僚制　78, 99
職種別部門組織　73, 82
準専門職　27, 52, 60, 73, 97
準専門職組織　72
準専門職部門　58, 81
自律性　26, 45, 51, 76, 102, 126

自律型リーダーシップ　104
自律的専門職組織　72
人格集約性　10
審査制度　143
真実の瞬間　43
人頭払い　138
信頼属性　5, 33, 36
診療機能組織　83
診療チーム　83
診療統制　140, 142
診療報酬改定の政策過程　164
診療報酬の支払方式　138
診療報酬による医療費抑制政策　163
ストリート・レベルの官僚制　26, 70
成果品質　4, 33
生活必需サービス　6
制限診療　142, 160
政策アクターとアクター間関係　153, 157
政策コミュニティ　150
政策の変容　151
制度に規制される組織　74
制度融資　122
政府管掌健康保険　134
政府の失敗　149
生産と消費の同時性　8, 40
潜在顧客　19
潜在看護師　121
漸成過程　56
全制的組織　74
専門看護師　60, 121
専門職　5, 23, 37, 51, 51, 70, 89, 111, 140, 149
専門職アイデンティティ　54, 92
専門職化　51, 75
専門職官僚制　78

専門職管理者　76
専門職権限　70, 99
専門職個人の目標　89
専門職混在組織　72
専門職支配　55, 73, 99
専門職社会の目標　89
専門職政策共同体　153
専門職組織　14, 55, 70, 90
専門職と組織の相互依存関係　76
専門職のためのサービス組織　71
専門職の能力成長目標　93
専門職の欲求充足要因　66
専門職目標　91
専門品　6, 23, 38
ソフトの在庫　8, 30, 39
相互作用　3, 25, 37, 62
相互作用過程　43
相互作用品質　33
組織化過程　43, 79, 90
組織的環境　28
組織内専門職　55
組織の要素　71
組織目標　89, 91, 96

た行

TQC活動　25
DPC　139, 165
大学医局　24, 57, 73, 98, 119
体系化政策の政策過程　157
退職者医療制度　134
代替的・補完的労働サービス　6
対等な協調関係　76
第二臨調・行革　132, 154
対話型コミュニケーション　45
多元的権限関係　73
多目的性　89

多目的組織　73, 90
多様な開設主体　122
探索属性　5, 33
地域医療計画　113, 152
地域医療計画による公私の病床規制　152
地域医療支援病院　113, 155
地域差　141
地域包括ケア病棟　113
知的代行サービス　5
地方独立行政法人　127
超高齢社会　115, 136, 166
長期的な生産過程　40
長期の公式教育に基づく専門性　52
直接顧客　23, 150
提供と消費の同時性　40
出来高払い　138, 165
点数と単価　141
トップアリーナ　151
動機付け要因　64
同時性　8, 33, 39
特定機能病院　113, 154
特定療養費　142
独立行政法人　124

な行

ナース・プラクティショナー　61
内製化　6
中曽根政権　132
二元型リーダーシップ　104
二重権限構造　70
二重指定制　135
日本医師会　59, 142, 151
ネットワーク組織　73
能力による階層内序列　56, 73, 99

は行

PFI　127
バック・ヤード　25
パワー・ポリティクス　98
ヒューマン・サービス組織　72, 90
非営利性　13, 72, 90, 124
非専門職組織　65, 71, 96
非専門職組織における専門職の欲求充足要因　66
非専門職組織における非専門職の欲求充足要因　66
非代替的・専門的サービス　6
必需性　6, 22, 39, 72, 148
非貯蔵性　7, 40
病院組織のダイナミクス　79, 81
病床規制の政策過程　153
病床機能報告制度　113, 155
病診格差　142
表層的サービス　29, 42
病人役割　18, 37, 62
フォロワー　102
フォロワーの成熟度　103
フリー・アクセス　112
プリンシパル・エージェント理論　18, 41
プロフェッショナル・サービス　12, 22
プロフェッショナル・サービス・ファーム　24
プロフェッションの労働市場　24
フロント・ライン　25
福祉元年　132
複数の専門職社会　57, 98
物理的環境　27
部門としての専門職組織　72
ベバレッジ報告　130
ホテル・サービス　12, 27
保険医療機関・保険医　135
保険契約者　19
保険事故者　21
保険外併用療養費　143
保険者・被保険者　134
包括払い　138
法人制度　123
補佐役　102
補助専門職組織　72
補助金制度　15, 114, 155
補助専門職　53, 72
本質的サービス　29

ま行

マトリクス組織　78
マイナス・シーリング　132
ミスター・マネジャー　102
ミニ専門職社会　65, 76, 91
無形性　7, 40
メディケア・メディケイド　130
モチベーション　25, 43, 51, 64, 99
モチベーション阻害要因　66
燃え尽き症候群　68
目標決定過程　96
目標によるマネジメント　89
目標の共有と浸透　99
目標の実施過程　99
最寄り品　6, 38
門前薬局　145

や・ら・わ行

薬価　139, 145, 164
融資制度　114
優遇税制　123
薬価差益　145

リアリティ・ショック　67
リーダーシップ　96, 168
リーダーの行動特性　101
リーダーの機能　101
理念主導型経営　99
療養病床　113, 136, 152
臨床研修　56, 100, 114, 133, 156
臨床研修必修化　117, 133, 156
臨床実習　56

類型化・機能分化　112, 151, 154, 154, 155
類型化・機能分化の政策過程　154
連座制　136
老人福祉計画　115
老人保健法　132, 160
労働集約性　6
労働代行サービス　5, 40

【著者紹介】

中島 明彦（なかじま あきひこ）

経済学修士（名古屋市立大学），法学修士（名古屋大学）。
1946年長野県生まれ，名古屋大学経済学部卒業（1969），八十二銀行勤務を経て1972年医療福祉業界に入り，医療法人新生会，医療法人名古屋記念財団を設立し事務局長・常務理事。社会福祉法人新生会を設立し事務局長・常務理事・理事長。その間，業務の必要に迫られて名古屋大学法学部卒業（1987），名古屋市立大学大学院経済学研究科修士課程修了（1993），名古屋大学大学院法学研究科博士前期課程修了（1999）。国際医療福祉大学医療福祉学部医療経営管理学科教授（1999〜2003），イギリスにて在外研究（1999〜2000）。日本福祉大学福祉経営学部医療・福祉マネジメント学科教授（2003〜）。

著書に『医療・福祉経営管理入門』（共著，国際医療福祉大学出版会，2001年），『ヘルスケアマネジメント─医療福祉経営の基本的視座』（単著，同友館，2007年）。『医療供給政策の政策過程─地域医療計画の形成・決定・実施過程と政策の変容』（単著，同友館，2017年）。

2017年3月31日　第1刷発行

医療福祉経営入門

　　　　　　　　　　　　　　　　Ⓒ著　者　中　島　明　彦
　　　　　　　　　　　　　　　　　発行者　脇　坂　康　弘

発行所　株式会社　同友館　〒113-0033 東京都文京区本郷3-38-1
　　　　　　　　　　　　　　TEL.03(3813)3966
　　　　　　　　　　　　　　FAX.03(3818)2774
　　　　　　　　　　　　　　http://www.doyukan.co.jp/

落丁・乱丁本はお取り替えいたします。　　　三美印刷／松村製本
ISBN 978-4-496-05267-5　　　　　　　　　　Printed in Japan

本書の内容を無断で複写・複製（コピー），引用することは，特定の場合を除き，著作者・出版者の権利侵害となります。